14歳《さい》のとき、
私は宝塚《たからづか》歌劇に出会いました。

憧《あこが》れ、追い続けた夢を叶《かな》えられたのは、
悔《くや》しいときも、投げ出したいときも、

自分を信じて
あきらめなかったから。

がんばったことは、
必ず将来につながる。

だから私は、
前に進み続けます。

14歳の
WORLDLY WISDOM FOR 14 YEARS OLD
世渡り術

夢のつかみ方、挑戦し続ける力

―元宝塚トップスターが伝える―

早霧せいな

河出書房新社

はじめに

２００１年から２０１７年までの17年間、私は宝塚《たからづか》歌劇団に所属する「タカラジェンヌ」でした。

女性だけがステージに立つ、宝塚。花、月、雪、星、宙《そら》の５つの組で構成されるこの劇団で、私は雪組の「トップスター」を務めさせていただきました。

私と宝塚との出会いは、実はみなさんと同じ14歳《さい》のときのこと。将来の夢が見つからず悩《なや》んでいたとき、偶然《ぐうぜん》読んだひとつの記事で宝塚のことを知りました。

ここでしかできないことが、きっとある。そう信じて、すぐに宝塚に入ること、男役になることを決めたのです。

まだほんの子どもだった私にとって、やっと見つけた「宝塚」という夢は目の前を指し示してくれる光のような存在。絶対にこの夢を逃《のが》したくない。そう思うと、気軽に周りに相談することができず、唯一想《ゆいいつおも》いをぶつけられたのは、自分自身でした。

14歳の私は、夢への想いを10年後の24歳の自分に向けた手紙に書き残しています。

24才になる私へ

元気にくらしていますか？　今の私は、将来について悩んでいます。覚えていますか？　私の夢は、宝塚に入っていつかはトップスターになることです。でも今は、どうすれば入れるのかとか、もし、入れたとしても、宝塚を出たら仕事はあるのかとか。不安や知らないことがたくさんあります。

10年後のわたしは何をしているのですか？　もうすぐ9／18のたん生日（誕）がやってきます。私の夢を聞いても、お父さんやお母さんは、どうせ入れるものじゃないと思っていて、本気で考えてくれていません。でも、私は、本気で悩んで、考えているんです。
この前、始めて、雪組公えん《（演）》の「風と共に去りぬ」をみました。心のそこからたのしみにしていました。見てとても感動したし、それをみてから、本当に悩んでいます。そうだんする人がいなくて、10年後の私にそうだんしています。もし、あなたがまだ宝塚をめざしているか、入っているのなら、自分をほめて下さい。そして、と中《（途）》であきらめているか、他の事をしているのなら、あなたはこのことを一生こうかいすると思いますよ。私はこれから宝塚について調べて、がんばります。あなたも、この手紙をはげみにがんばって下さい。

14才になる私から
H6・9・18（日）

14歳当時の悩みと、決意が記されたこの手紙。きっと、並々ならぬ想いで書いたのだと思います。

「あなたはこのことを一生こうかいすると思いますよ」なんて、ちょっと脅迫《きょうはく》めいた言葉にも想いの強さが表れていますよね。

あて名に書かれた24歳のとき、そして2017年に宝塚を退団することになったとき、久しぶりにこの手紙を読み返しました。藁《わら》にもすがる思いで、10年後の自分に相談している14歳の私の姿が目に浮《う》かぶようでした。「私は、あのときの夢を叶《かな》えることができたんだ」。退団前に読んだときなんて、読みながら声をあげて泣いてしまったくらい、必死な気持ちが伝わってきたのです。

この本を手に取ってくれた14歳のみなさんのなかにも、当時の私と同じように「将来なにがしたいかなんて、まだわからない」という人がいるのではないでしょうか？　夢が決まっていても、「本当に叶うのだろうか？」と不安を感じている人もいると思います。

同じように悩んでいた14歳の私がどうやって夢と出会ったのか。その夢を叶えるためにどんな行動をしたのか。そして、夢を叶えた今、なにを思っているのか。

曲がりなりにも夢を実現した者からのちょっとしたアドバイスとして、私の体験をこの本につづりたいと思います。

宝塚の元トップスター、というと完璧《かんぺき》な人を想像する人もいるかもしれません。でも、もちろんそんなことはなく、失敗や悩みもたくさんありました。そんな経験もすべて、この本には書かれています。あらためて本の形で残すことは少し恥《は》ずかしいのですが……それでみなさんが元気になってくれるのなら、本望です！

夢のつかみ方、挑戦し続ける力——元宝塚トップスターが伝える——　もくじ

第1章　〝普通《ふつう》の女の子〟が宝塚に入るまで　19

第2章

宝塚生活は毎日が挑戦《ちょうせん》！　57

第4章 ゴールのない外の世界へ 155

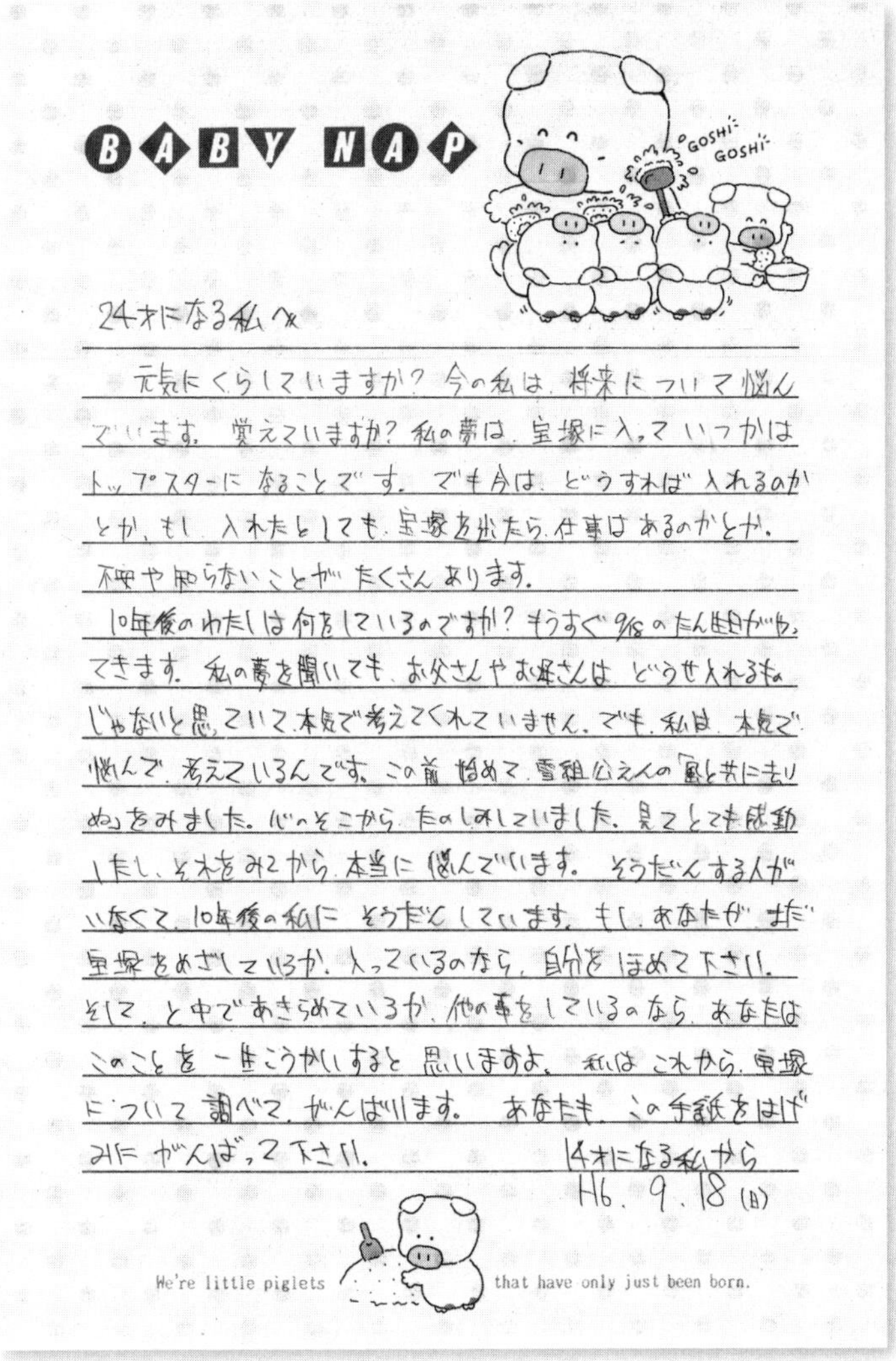

BABY NAP

24才になる私へ

元気にくらしていますか？今の私は、将来について悩んでいます。覚えていますか？私の夢は、宝塚に入っていつかはトップスターになることです。でも今は、どうすれば入れるのかとか、もし、入れたとしても、宝塚を出たら、仕事はあるのかとか、不安や知らないことがたくさんあります。

10年後のわたしは何をしているのですか？もうすぐ9/18のたん生日がやってきます。私の夢を聞いても、お父さんやお母さんは、どうせ入れるものじゃないと思っていて、本気で考えてくれていません。でも、私は、本気で悩んで、考えているんです。この前始めて、雪組公えんの「風と共に去りぬ」をみました。心のそこから、たのしみにしていました。見てとても感動したし、それをみてから、本当に悩んでいます。そうだんする人がいなくて、10年後の私にそうだんしています。もし、あなたがまだ宝塚をめざしているか、入っているのなら、自分をほめて下さい。そして、と中であきらめているか、他の事をしているのなら、あなたはこのことを一生こうかいすると思いますよ。私はこれから、宝塚について調べて、がんばります。あなたも、この手紙をはげみにがんばって下さい。

14才になる私から

H6.9.18(日)

GOSHI GOSHI
We're little piglets that have only just been born.

14歳当時に早霧が書いた手紙

HISTORY

早霧せいな　宝塚時代の歩み

音楽学校時代（本科／予科）

1999年
- 87期生として宝塚音楽学校に入学。

宙組時代

2001年（研1）
- 宝塚音楽学校を卒業。
- 宝塚歌劇団に入団。宙組公演『ベルサイユのばら　2001』で初舞台を踏む。
- 宙組に配属される。

初舞台後は花、月、雪、星、宙の5組のうち、どれかひと組に配属される。

2006年（研6）
- 『NEVER SAY GOODBYE』で新人公演初主演。
- 『維新回天・竜馬伝！』で2度目の新人公演主演。

入団1〜7年目までの劇団員だけで行う新人公演。主演は将来のスター候補として注目されることに。

2008年（研8）
- 宝塚バウホール公演『殉情』でW主演。

小劇場「宝塚バウホール」での主演は若手にとっての登竜門。

雪組時代

2009年（研9）
- 宙組から雪組へ組替え。
- 宝塚バウホール・日本青年館公演『雪景色』でW主演。

他の組へ異動する組替えは、新たな成長のチャンス！

雪組時代

2011年（研11）

●宝塚バウホール・日本青年館公演『ニジンスキー』で単独主演。

2014年（研14）

●『ベルサイユのばら―オスカルとアンドレ編―』で全国ツアー公演初主演。

> 宝塚の代表として約一カ月にわたって各地をめぐる。

●雪組トップスターに就任。

> 各組にトップスター（男役）とトップ娘役がひとりずついて、組の顔として、出演するすべての公演で主演を務める。

●日生劇場公演『伯爵令嬢』でトップお披露目を果たす。

2015年（研15）

●『ルパン三世／ファンシー・ガイ！』で大劇場トップお披露目を果たす。

> 本拠地・宝塚大劇場でのお披露目は、トップスターにとっても特別なこと。

●博多座公演『星影の人／ファンシー・ガイ！』主演。

●『星逢一夜／La Esmeralda』主演。

●全国ツアー公演『哀しみのコルドバ／La Esmeralda』主演。

2016年（研16）

●『るろうに剣心』主演。

●中日劇場・赤坂ACTシアター・梅田芸術劇場メインホール公演『ローマの休日』主演。

●『私立探偵ケイレブ・ハント／Greatest HITS!』主演。

2017年（研17）

●中日劇場公演『星逢一夜／Greatest HITS!』主演。

●『幕末太陽傳／Dramatic "S"!』で宝塚歌劇団を退団。

> 宝塚大劇場・東京宝塚劇場での公演をもって退団。退団後は女優として再スタート！

※会場名の表記がないものは、宝塚大劇場・東京宝塚劇場での公演です。

第1章

“普通の女の子”が宝塚に入るまで

WORLDLY WISDOM
FOR 14 YEARS OLD

普通《ふつう》の女の子が目指した、宝塚男役

みなさんは、宝塚*1と聞いてどんなことを思い浮《う》かべますか？

きらびやかな衣裳《いしょう》にお化粧《けしょう》。ライトに照らされた華《はな》やかな大階段《おおかいだん》*2。

そしてなによりも多くの人が真っ先にイメージする一番の特徴《とくちょう》は、女性が男性役を演じる〝男役〟の存在かもしれませんね。


その〝男役〟として、私は17年間宝塚のステージに立っていました。

男役、とひと口に言っても、ステージごとに演じる役柄《やくがら》はまったく異なります。江戸《えど》時代を舞台《ぶたい》にした日本物『星逢一夜《ほしあいひとよ》』*3でお殿様《とのさま》を演じたかと思えば、『哀《かな》しみのコルドバ』*4ではスペインの闘牛士《とうぎゅうし》、『ベルサイユのばら』*5では男装の麗人《れいじん》を演じて、ときには漫画《まんが》やアニメのキャラクターになりきることも。『ルパン三世』*6のルパン三世、

＊1　宝塚｜正式名称は宝塚歌劇団。1914年に創設された劇団で、独身の女性だけで構成される。花、月、雪、星、宙（そら）の5組と特定の組に所属しないスペシャリスト集団・専科からなる。専用劇場として本拠地の兵庫県宝塚市に宝塚大劇場と宝塚バウホール、東京都千代田区に東京宝塚劇場がある。

＊2　大階段｜宝塚大劇場と東京宝塚劇場にある舞台装置。通常は公演の最後に登場するが、芝居やショーの冒頭などで使われることもある。段数は宝塚、東京ともに26段。

『るろうに剣心《けんしん》』*7の緋村《ひむら》剣心など、みなさんもよくご存じのキャラクターを演じたこともあったんですよ。

女性でありながら、時代も年代も世界観もさまざまな男性になりきって演じる。

そんな宝塚の世界は、浮世離《うきよばな》れしたところだと感じる人も多いかもしれません。

タカラジェンヌと呼ばれる人たちって、きっと小さい頃《ころ》から宝塚を目指して特殊《とくしゅ》な環《かん》境《きょう》で育った人ばかりなのだろうな……。そんなふうに考える人もいるのではないでしょうか。

でも、私もみなさんと同じ14歳《さい》の頃は地方都市に暮らすごく普通の女の子でした。

家族や妹弟とケンカしたり、部活と勉強の両立に悩《なや》んだり。特別なことなんてなにもない中学生だった私は、キラキラとした世界とはもちろんのこと、男性になりきって演じるなんていう非日常とは、ほど遠い毎日を過ごしていました。

そんな私がどうやって宝塚と出会い、タカラジェンヌを目指すことになったのか。

＊3　星逢一夜｜2015年に雪組で上演された宝塚オリジナル作品。百姓一揆が頻発した江戸時代中期の九州を舞台に、藩主の子息・天野晴興と幼なじみの泉、源太の三角関係を描いた。主演は早霧せいな、咲妃みゆ。作・演出は上田久美子。

＊4　哀しみのコルドバ｜19世紀末のスペインを舞台に、闘牛士のエリオと初恋の女性・エバの恋愛を描いた柴田侑宏作の宝塚オリジナル作品。1985年の星組による初演以来、3度の再演を重ねている。早霧は2015年の全国ツアー公演（演出・中村暁）で主演を務めた。

まずは、私の子ども時代のことをお話ししたいと思います。

やりたいことに一直線だった子ども時代

〝男役〟という経歴からは想像できないかもしれませんが、幼稚園《ようちえん》に通っていた頃の私は、ロングヘアのとても女の子らしい外見でした。

性格もクラスの中心になってみんなと騒《さわ》ぐよりも、仲がいい数人と話すほうが好き、というおとなしくて控《ひか》えめなタイプ。実は男の子たちからもちょっと人気があったりしたんですよ。私の人生で一番のモテ期はこの頃です（笑）。本当は、初めての団体生活に緊張《きんちょう》していて、素《す》の自分を出せなかっただけなのですが……。

そんな私に変化が訪れたのは、小学校入学後のことでした。

学校の先生が髪《かみ》をショートカットにすることをすすめてくださって、特にこだわりもなかった私はなんの気なしに髪をばっさりカットしました。すると、そのときから自分

＊5　**ベルサイユのばら**｜池田理代子の少女漫画を原作にした、宝塚歌劇団の代表作のひとつ。1974年に植田紳爾による脚本で初演された。『フェルゼンとマリー・アントワネット編』『オスカルとアンドレ編』など、さまざまな脚本で再演されている。2014年に通算観客動員数500万人を突破。

＊6　**ルパン三世**｜モンキー・パンチ原作の漫画、および同作をもとにしたアニメ。宝塚では2015年に雪組の早霧せいな、咲妃みゆ主演で『ルパン三世 ―王妃の首飾りを追え！―』として上演された。脚本・演出は小柳菜穂子。

が抑《おさ》え込《こ》んでいた気持ちが解放されたかのように、一気に活発な性格に変貌《へんぼう》したのです。見た目の自己暗示って、すごい！　以来、放課後には友達とかけっこで競争したり、ローラースケートで遊んだり、体を動かすことが大好きな、おてんばな性格に変わりました。

特に夢中になって遊んでいたのが、当時流行《はや》っていたホッピング（今でもあるのかな？）というバネで飛《と》び跳《は》ねる遊具。洗濯物《せんたくもの》を干す母親の姿を横目に何時間も飛び続けて、「ホッピングの世界記録を作るんだ」なんて子どもらしい夢を口にして。

活動的な性格になったと同時に、洋服の好みも変わります。母がスカートを買ってきてくれても、穿《は》くのが嫌《いや》で仕方がなくて。「スカートよりも動きやすいショートパンツが穿きたい」と、せっかく買ってもらったスカートもほとんど穿かず……。

好きだったアニメも『北斗《ほくと》の拳《けん》』[*8]や『ドラゴンボール』[*9]など、少年漫画が原作の作品ばかり。かわいらしいヒロインが主人公の女の子向けアニメよりも、力強いヒーローが活躍《かつやく》する姿に憧《あこが》れていました。『北斗の拳』のケンシロウに憧れるあまり、６歳下の弟

＊7　**るろうに剣心**｜1994～1999年に『週刊少年ジャンプ』で連載された和月伸宏の歴史漫画。2016年に雪組の早霧せいな、咲妃みゆ主演で宝塚でミュージカル化された。明治維新後の東京を舞台に、流浪の剣客・緋村剣心の活躍をオリジナルストーリーで描いた。脚本・演出は小池修一郎。

＊8　**北斗の拳**｜1983～1988年に『週刊少年ジャンプ』で連載された武論尊原作、原哲夫漫画の格闘漫画。伝説の暗殺拳・北斗神拳の伝承者であるケンシロウが、拳を武器に敵に立ち向かう。1984～1987年にかけてフジテレビ系列で最初のテレビアニメが放送され、その後続編や劇場版も制作された。

の体に油性ペンで北斗七星の傷を落書きしたこともあります。

外で遊ぶのが大好きだった私とは対照的に、2歳年下の妹はお人形遊びやおままごとなど女の子らしい遊びが好きでした。当時も今も仲良しであることは変わらないのですが、あの頃の私は、妹と一緒《いっしょ》に遊ぶよりも自分が興味のあることを優先したかったのでしょうね。ひとりで外で遊んでばかりいました。

今思うと、この頃から自分のやりたいことや目標が見つかると、それに向かって一直線となってしまう性格だったように思います。ひとりで何時間もホッピングを飛び続ける、なんて普通は飽《あ》きてしまいますよね。

のちに宝塚を目指すようになったときにも、そして宝塚に入団してからも、この「目標に向けて突《つ》き進む」姿勢は常に私の軸《じく》になっていました。

＊9　ドラゴンボール｜1984〜1995年に『週刊少年ジャンプ』で連載された鳥山明の冒険漫画。7つ集めると願いが叶う「ドラゴンボール」を探す少年、孫悟空の旅を描いた。1986〜1989年にかけてフジテレビ系列で最初のテレビアニメが放送され、現在まで複数のシリーズや劇場版が制作されている。

非日常の世界に憧れて

そんな私の子ども時代は、夢もコロコロ変わります。最初に意識したのは、「カウボーイ」でした。周りの女の子がお花屋さんやケーキ屋さんになりたいというなか、なぜ私だけ「カウボーイ」だったのか？

きっかけは、映画好きだった母と一緒に観《み》た映画『バック・トゥ・ザ・フューチャーPART3』*10。主人公が馬に乗って荒野《こうや》をかけめぐるシーンがあって、それが無性《むしょう》にかっこよく、楽しそうに見え、映画のストーリーそのものよりも印象に残っていたのです。

次に憧れたのは、宇宙飛行士。

ちょうど向井千秋《むかいちあき》さん*11がアジア初の女性宇宙飛行士として宇宙に旅立つことが決まった頃でした。これも宇宙服を着た向井さんが〝かっこよかった〟のが理由です。

とにかく、身近なやわらかいイメージの職業よりも自分の生活とはまったく異なる遠

＊10　**バック・トゥ・ザ・フューチャーPART3**｜1990年公開のアメリカのSF映画。主人公マーティが車型タイムマシンに乗り、過去や未来を旅するシリーズ３部作の完結編。製作総指揮はスティーブン・スピルバーグとフランク・マーシャル、監督はロバート・ゼメキス。

＊11　**向井千秋**｜宇宙飛行士。1994年にアジア初の女性宇宙飛行士としてスペースシャトル・コロンビア号に搭乗した。1998年にはスペースシャトル・ディスカバリー号で、２度目の宇宙飛行を経験。

い世界で活躍することに憧れるという女の子でした。

それは中学校で部活を決める際の基準も同じ。

体を動かすことが大好きだったので迷わず運動部にしたのですが、選んだのはソフトボール部。本当は野球がやりたかったのですが、残念ながら私が通っていた中学校には女子が入れる野球部はなく、仕方なく野球に似たソフトボール部を選びました。といっても、自分や家族の誰《だれ》かが熱狂的《ねっきょうてき》な野球ファンだったというわけではなく、「普通の女の子ってなかなか野球をやらないよなぁ。かっこいいし、やってみたい！」そんな不純な思いから。

非日常の世界に行きたい、かわいいよりも、かっこいい姿で活躍したい。今思えば、あの頃から自分のなかにそんな気持ちがあったのですね。

まだ宝塚という世界がこの世にあることも知らない私でしたが、のちに宝塚との出会いを運命のように感じてしまったのは、当時のぼんやりした憧れがベースになっているような気がします。

どうしよう、私には将来の夢がない

みなさんの年頃、14歳時代って誰しも大なり小なり悩みを抱《かか》えていると思います。
中学生になると、私もある大きな悩みを抱えるようになりました。
それは――〝夢がない〟ということです。

その頃、クラスメイトのひとりに絵が上手《じょうず》な女の子がいました。美術の授業で描《か》く絵も上手《うま》いし、休み時間にサラッと描いてくれる漫画も上手い。
ある日、その子がとても自然な口調で「将来は漫画家か、絵を描く仕事をしたい」と話しているのを聞いて、私の頭のなかにひとつの疑問が浮かびました。

「私は将来、なになりたいんだろう？」

カウボーイや宇宙飛行士などそのときどきで無邪気《むじゃき》な憧れを口にしていた職業はありましたが、子どもらしい気まぐれにすぎないことは自分でもわかっていました。

いざ真剣《しんけん》に考えてみると……考えても考えても、どうしても答えが浮かびません。卒業したら高校に入学して、その後はきっと大学に行くのだろうな。中学生の私にもそんなぼんやりとした将来は想像できました。

でも、なんのために大学に通うのだろう？　どうして勉強をするのだろう？

頭のなかがそんな疑問でいっぱいになってしまったのです。考えていくうちに、やがて理由もわからないのに毎日中学校に通って、勉強をすることにも強い違和感《いわかん》を覚えるようになりました。

目標が見えないのに、ただ「学生とはそういうものだから、勉強しなければいけない」という理屈《りくつ》に納得ができなかったのです。

ゴールもわからないのに、ひたすら走り続けなければいけないなんて嫌ですよね？

私はその気持ちが人一倍強かったのかもしれません。われながら面倒《めんどう》な性格、と感じますが、なにをするにしてもきちんと目標を立ててのぞみたい。

それからは、家に帰って自分の部屋《へや》でベッドに寝転《ねころ》んでいても、思い浮かんでくるのはそのことばかり。けれど、当時の私は両親にも友達にも、学校の先生にも、そんなことは相談できなくて。

部屋の窓から空を見上げて、ひたすらモヤモヤとした思いと闘《たたか》っていました。まるで暗闇《くらやみ》に包まれているような感覚だったことを、今も覚えています。

そんな14歳のある日、私は宝塚と衝撃《しょうげき》の出会いを果たします。

タカラジェンヌに私もなりたい！

きっかけは、当時受講していた通信講座。教材と一緒に送られてくる冊子のなかに、世の中にある、あまり一般的《いっぱんてき》でない職業を紹介《しょうかい》するページがありました。ある日、なにげなく冊子を眺《なが》めていた私は、そのページのなかの１枚の写真に目が釘付《くぎづ》けになってしまったのです。

そこに写っていたのは、お化粧をしてスーツとハットを身にまとい、舞台の上でポーズを決める人。

女性にも男性にも見えるその人を見て、私が最初に感じたのは純粋《じゅんすい》に「かっこいい！」という気持ちでした。

写真には「タカラジェンヌ」という言葉が添《そ》えられていました。「宝塚歌劇団」に所属している人をそう呼ぶのだそうです。

初めて見る「タカラジェンヌ」に驚《おどろ》いた私は、隣《となり》に掲載《けいさい》されていたその人の素顔《すがお》を見て、さらに衝撃を受けます。

「本当に同じ人なの？　お化粧でこんなふうに変わるなんて！」

頭のなかが、驚きでいっぱいになりました。

こんなにかっこよく変身できるタカラジェンヌって、いったいどんな仕事なのだろう。

記事を読むと「女性だけで演じる世界で唯一《ゆいいつ》の演劇集団」という説明が書かれていま

した。「女性だけ」「世界で唯一」という言葉に、非日常的な世界に漠然《ばくぜん》と憧れていた私は興味津々《しんしん》（のちにOSK日本歌劇団*12など、宝塚以外にも女性だけの劇団があることを知るのですが、当時の私にはそんな知識があるはずもなく……）。

「これはなんだかすごい仕事だぞ」と素直《すなお》に感動していました。

さらに読み進めると、「あなたも目指してみたら？」といったメッセージが書かれています。

私もこんなふうにかっこよくなりたい、特別なことをしてみたい。写真を見てそう思っていた私は、自分もタカラジェンヌを目指せると知って大喜び。

目指せるなら、やってみたい！

それまで一度だって宝塚の舞台を観たことなんてなかったのに、雑誌の記事だけで、将来は宝塚に入るのだ、男役になるのだと即決《そっけつ》してしまったのです。今考えると、われながらすごい決断力だったと思います。

ずっと抱えていた悩みを一瞬《いっしゅん》で晴らしてくれたタカラジェンヌ。それは、当時花組ト

＊12　**OSK日本歌劇団**｜1922年に松竹楽劇部として誕生した少女歌劇団。団員は未婚女性のみで構成され、大阪松竹座や新橋演舞場、京都南座などで公演を行っている。

ップスターとして活躍していた真矢《まや》みき（現：真矢ミキ*13）さんでした。

そして偶然《ぐうぜん》にも、のちに初めて生《なま》で宝塚を観劇することになる作品も真矢さん主演の公演でした。私の宝塚人生のスタートは、真矢さんの存在なしには語れないものとなりました。

私の宝塚との出会いは、真矢さんの記事が与《あた》えてくれたものでした。だからこそ、自分が宝塚に入って取材される側になってからは、一つひとつの取材に真剣に取り組むようになりました。決して適当なことは言えません。かつて真矢さんの記事で人生が変わった私がいたように、もしかしたら私の記事を見た誰かに大きな影響《えいきょう》を与える可能性もあると思うから。

思い込んだら、宝塚一直線！

やりたいことが見つかった私は、目覚めのいい朝のようなすっきりした気持ちになりました。まだ宝塚がどんなところなのかも、どうやって入るのかもわからないのに！

＊13　真矢みき（現：真矢ミキ）｜女優。元花組トップスター。1981年に67期生として宝塚歌劇団に入団、花組に配属される。1995年に花組トップスターに就任、1998年に退団。

それでも、夢が見つかったことで自分の将来に光が見えた気がしたのです。

目標に向けてすぐに動き出そうと意気込んでいたのですが……まだ子どもだった私にとって、現実はなかなか厳しい状況《じょうきょう》でした。

当時はまだインターネット環境が普及《ふきゅう》しておらず、現在のように気軽にパソコンやスマートフォンなどで検索《けんさく》することもできません。周りに宝塚に詳《くわ》しそうな人もいない。そもそも宝塚の情報をどこで手に入れるべきかもまったくわかっていなくて、『歌劇』[*14]や『宝塚GRAPH』[*15]といった関連雑誌が販売《はんばい》されていることも知りませんでした。今の14歳のみなさんには、考えられない環境かもしれませんね。

両親にも、宝塚に入りたいという気持ちはなかなか打ち明けられませんでした。

当時の私は、先述の通り活発なタイプでしたが、同時に人見知りで恥《は》ずかしがり屋の一面もありました。誰かに悩みを相談したり、自分のことを積極的に話したりと、〝伝える〟ことへの苦手意識が強くあったのです。なにかわからないことがあっても、ギリ

＊14　**歌劇**｜宝塚クリエイティブアーツ発行の月刊誌。1918年創刊、2018年に創刊100周年を迎えた。公演の舞台写真やスターのインタビュー、公演評などが掲載されている。

＊15　**宝塚GRAPH**｜宝塚クリエイティブアーツ発行の月刊誌。1936年創刊。読み物中心の『歌劇』に対してカラービジュアルが多いのが特徴。

ギリまで自分ひとりで考えて、どうしてもわからなかったら誰かに聞くか、いっそのこと忘れてしまうという選択肢《せんたくし》をとり続けていました。この自分の弱点のせいで、のちに苦労することにもなるのですが……。

もしも宝塚に入りたいという夢を誰かに話して笑われたり、「あなたには無理だよ」なんて言われたりするのは絶対に嫌。それなら自分で突破口《とっぱこう》を見つけてやる、そう思っていました。

カウボーイや宇宙飛行士を夢見ていたかつてとは違《ちが》い、宝塚は、軽々しく口に出せないほど私にとって大切な夢になっていたのです。しばらくは真矢さんの写真が載《の》った記事を何度も読み返して、「いつか絶対にここに入るぞ」と密《ひそ》かに誓《ちか》うだけの日々が続きます。

その希望をようやく人に話せたのは、中学2年生の冬。担任の先生と進路相談をすることになったときでした。

どう伝えようか悩みましたが、嘘《うそ》をつくわけにもいきません。「笑われるかもしれない……」と思いながらも、勇気を出して希望する進路を伝えたところ、数日後、先生から呼び出しが。なんと、宝塚に入るためにはなにが必要かを調べてくれていたのです！

そのとき初めて、まずは宝塚音楽学校[*16]に入学しなければいけないこと、受験科目がクラシックバレエ、歌、面接の3つだということ、そして受験時期や場所などを知りました。

そして、音楽学校を受験できるのは、中学校卒業から高校卒業までの間にたった4回だけだということもわかったのです。

その倍率を聞いて、驚きました。なんと例年20〜25倍！　毎年1000人近くが受験し、そのなかのたった40名ほどしか受からないのです。でも、どんなに倍率が高かったとしても、自分にも受験資格があるなら受験してみたい……！　当時、中学2年生だった私には、来年その最初のチャンスが訪れます。受験に向けて、さっそく動き出さなければ！

実は当時の私はバレエも歌も、まったくの未経験。まずはその2つを習いに行かせてもらうために、両親の許可をとらなければなりません。でも、この時点で私はまだ両親

＊16　**宝塚音楽学校**｜宝塚歌劇団の出演者の養成校で、ここを卒業した者しか劇団に入団することはできない。予科と本科の２年制で声楽や舞踊、演劇などの舞台技術と、舞台人としての心がけを学ぶ。受験資格は中学校卒業から高校卒業までの間に４回のみ。

に宝塚に入りたいと思っていることを告げられていませんでした。

教育熱心だった母は、私が小さい頃から水泳や音楽教室、英会話、学習塾などいろいろな習い事をさせてくれていました。そんな母だから、新しい習い事に反対はしないはず。

最初は宝塚を目指していることは隠《かく》して、バレエを習いたいことだけをお願いしました。それまでバレエなんて興味も示さなかった私の突然《とつぜん》の希望に、母はいぶかしんだ様子。「なんでバレエなの？」と追及《ついきゅう》されます。そこで初めて宝塚に入りたいこと、それにはバレエを習うことが必要であると打ち明けることになりました。

母はものすごく驚いたと思います。でも、このとき私のほうは宝塚を目指す許可をもらうよりも、まずはバレエを習いに行く許可をとりつけることに必死。「勉強も部活もちゃんと両立させるから！」という私の力説に母はとうとう根負けして、とりあえずバレエを習う許可をもらうことに成功しました。

このときしぶしぶＯＫをした母は、以降も内心は娘を心配する気持ちから、全面的に宝塚受験を応援《おうえん》、という感じではなかったように思います。でも、もし母に反対されていても、「じゃあ、あきらめます」と素直に従う気は毛頭ありませんでした。

もうひとつの課題である歌は、声楽教室ではなく自宅近くのピアノ教室の先生に、受験科目だった「コールユーブンゲン」[*17]と、課題曲をレッスンしていただきました。

バレエと歌。お稽古《けいこ》に通いながらも、小さい頃から目指しているライバルたちと比べたら全然足りていないんだろうなという自覚はありました。

それでも、やるべきことがあると、時間はあっという間に過ぎていきます。2つのお稽古に通いながら、同時に高校受験にものぞみ、気づけば、中学卒業間近。最初の宝塚受験資格が与えられる時期です。

約1年間習いましたが、バレエも歌も、まだまだ必要なレベルからほど遠いことが自分でもわかります。このままではまず受からないな。焦《あせ》る気持ちはありながらも、「まだ3回チャンスがある。来年がんばろう」。そう冷静に判断し、最初の音楽学校受験の機会は見送りました。

＊17　コールユーブンゲン｜合唱教則本。ドイツの音楽家、フランツ・ヴュルナーが1876年に刊行した。

そして、宝塚への想いを抱えたまま、高校に進学します。

高校進学後も、引き続きバレエと歌のレッスンに通いました。でも、あれだけ母に頼《たの》んで入ったバレエ教室ですが、実は高1のときにバレエの発表会に出ると、すぐに辞《や》めてしまったのです。理由は、発表会重視のレッスンだったから。

おそらく私と同じタイミングで宝塚を受験しようとしている全国のライバルたちは、当然、小さい頃からバレエを習っているに違いない。彼女《かのじょ》たちに比べ、すでに何十周も周回遅《おく》れをとっている私には、のんびりしている時間はありません。ここでみんなと仲良く発表会を目指している場合じゃない。そう考えて、教室を変えることにしたのです。

今度こそ宝塚に入るためのバレエを学ばなければ。

次に入ったバレエ教室では基礎《きそ》から学ぶためのクラスを選びました。入ってみると周りは小学生ばかり。高校生で、すでに160cm以上もあった背の高い私は明らかに浮いてます。

でも、宝塚受験が目標の私には、そんなことをいちいち恥ずかしがっている余裕《よゆう》はありません。たとえ小学生と一緒だとしても、私に必要なものはここにある。それならここで学べることは全部吸収しよう。そんな気持ちで毎回真剣にレッスンにのぞみました。

初めての宝塚観劇

高校入学後、初めて宝塚の舞台を生で観る機会に恵《めぐ》まれました。

福岡《ふくおか》で開催《かいさい》される全国ツアー公演*18のチケットが手に入ったのです。これまでも九州に全国ツアー公演がやって来るたびにチケットを取ろうとしていたのですが、手に入ったのはこのときが初めて。

最近はインターネットでの申込みが多いですが、当時の主流は電話です。チケットを買うために発売開始と同時に申込み窓口に電話をするのですが、なかなかつながらないし、運よくつながったとしてもすでに売り切れてしまっていることがほとんどでした。

それに、せっかく九州で公演があっても、平日だと学校があって行けません。

やっとチケットが取れたその公演は、花組の『エデンの東／ダンディズム！』*19でした。

＊18　**全国ツアー公演**｜主に芝居とショーの２本立てで、約１カ月にわたり、全国10都市以上で公演が行われる。

＊19　**エデンの東／ダンディズム！**｜1995年の花組公演。トップスター真矢みき、トップ娘役純名里沙のお披露目公演。ジョン・スタインベックの同名小説を谷正純の脚本・演出でミュージカル化した『エデンの東』と、岡田敬二作・演出のレビュー『ダンディズム！』の２本立て。翌年、全国ツアー公演として再演された。

なんと主演は、あの真矢みきさんです。

「憧れの真矢みきさんに会える！」

そう思うだけで私は有頂天《うちょうてん》。長崎《ながさき》から父に車で送ってもらいながらも、自分ひとりでの観劇です。会場に着いた瞬間《しゅんかん》からもう胸がはちきれそう。私の席はホールの1階、扉《とびら》の近くの一番端《はし》でしたが、そこにいられるというだけで幸せでした。

このときの感動と興奮は、今でもよく覚えています。

幕が上がって公演が始まると、夢中になって真矢さんの姿を追いました。

雑誌やビデオで観た真矢さんが目の前にいる！　本当にあのお化粧をしている！　憧れてやまなかった真矢さんと同じ空間にいることが信じられません。

真矢さんが出ていないときは、ヒロインの純名里沙《じゅんなりさ》＊20さんや他の出演者を追いかけます。舞台に立つ全員がとても輝《かがや》いていて、こんな夢のような世界が本当に存在するのかと心の底から感動しました。

＊20　純名里沙｜女優、歌手。元花組トップ娘役。1990年に76期生として入団、翌年雪組に配属される。1994年花組に組替え。1995年に花組トップ娘役に就任、1996年に退団。

白状すると、このときはもうほとんどオペラグラスをのぞきっぱなしで、見えていたのは、ひたすらタカラジェンヌのみなさんの「顔」。実はお芝居《しばい》の内容はあまり覚えていなくて、記憶《きおく》にあるのはオペラグラスに映ったどアップの真矢さんの顔だけ、という状態でした（笑）。終演後、私の目の周りにはオペラグラスの跡《あと》がくっきりとついていました。

父と母の想《おも》いを受けて

その後も、勉強、部活、お稽古に明け暮れながらも、長崎や福岡で全国ツアー公演があるたびにおこづかいで必死でチケットを取り、観劇に向かう日々。そんな私の送り迎《むか》えをしてくれたのはいつも父でした。父は穏《おだ》やかな性格で、私はこれまで怒《おこ》った姿を一度も見たことがありません。

会場へ向かう車のなかで、私は宝塚の魅力《みりょく》や自分がどれほどそこに入りたいのかという想いを話し、父は自分の仕事のこと、社会に出るときに必要なこと……普段《ふだん》家ではできないような話をたくさんしてくれたことを思い出します。

きっと娘《むすめ》が目指している世界のことはよくわかっていなかったはずですが、アドバイスはできないなりに、送り迎えをしたり話を聞いたりすることで陰《かげ》ながら応援してくれていたのだと思います。


対して、母は私が宝塚を目指すことは反対気味だったように感じていました。「どんなにがんばってもみんなが行ける場所ではない。不合格になって傷ついてほしくない」。きっと、そんな親心から。

宝塚受験の条件として勉強を疎《おろそ》かにしないことを挙げたのも、音楽学校がダメでも、大学に行けるようにという想いからでしょう。

母の厳しさは負けず嫌《ぎら》いの私に火をつけ、「どうしてわかってくれないんだ！」と、反抗《はんこう》する気持ちも湧《わ》きました。でも、今思うと娘のことを心配しながらもバレエや歌を習いに行かせてくれたのも母でしたし、受験料を出してくれたのも母。結局高1から高3まで3回も受験させてくれたのだから、なんだかんだ言いつつも応援してくれていたのですよね。

そんな母の優しさが本当に理解できたのは、大人になってからです。ひたすら自分のことに夢中なときは、周囲にどれだけ守られていたかなんて、気づけないものなのですよね。

自分で決めたことはあきらめない！

憧れの舞台を生で観たことで、私の宝塚への想いはさらに強くなりました。

ＢＳ放送の宝塚の番組を録画し、家族が寝静《ねしず》まってから、夜な夜なひとりで楽しむ日々が続きます。「またビデオばっかり観て！」と、母につっこまれるのが恥ずかしかったのですね。劇団から発行されていた『宝塚音楽学校』という本を読んで音楽学校について想像を膨《ふく》らませ、もちろん『歌劇』『宝塚ＧＲＡＰＨ』も毎月購読《こうどく》していました。

ついには妹との2人部屋に、宝塚のスターの写真が載ったカレンダーを1月から12月まで全ページを壁じゅうに貼《は》って、宝塚に興味がない妹に「派手かね～（派手だね

〜)」なんて言われてしまったほど。

学校では、透明《とうめい》の下敷《したじ》きに全国ツアーで買った真矢みきさんのポストカードや、私と同じ長崎県出身のトップスター、安寿《あんじゅ》ミラ*21さんのブロマイドを挟《はさ》んで休み時間にこっそり眺めるのが習慣でした。宝塚を目指していることは、仲のいい数人にしか話していなかったので、堂々と広げることができなかったのですが……。家にいても学校にいても、私の想いは宝塚一直線でした。

この頃、部活の帰り道に夜空の星を見上げて何度もお願いをしていました。

「宝塚に受かれば、どんなことでもがんばります。だから、狭《せま》き門かもしれないけれど、どうか私を合格させてください」

星にお願いをするなんて、ずいぶんとロマンチックな高校生だったな!と思ってしまいますが、それは自分自身への誓いの儀式《ぎしき》だったように思います。

＊21 安寿ミラ|女優。元花組トップスター。1980年に66期生として宝塚歌劇団に入団、花組に配属される。1991年に花組トップスターに就任、1995年に退団。ANJU名義で宝塚歌劇団などの振り付けも行っている。

周りに宝塚のことをわかる人はいないし、一緒に同じ夢を語り合える仲間も、ライバルもいない。自分で自分を鼓舞《こぶ》するしかなかったのです。

中学生時代とは違って宝塚の情報にもだいぶ詳しくなっていましたが、知れば知るほど、そこを受験することがどんなに大変かがわかってきます。無邪気に憧れていた気持ちの代わりに、日に日に不安は大きくなっていたし、難しいことにチャレンジしているという自覚もありました。

そんな状況だったから、ひとりでいると自然と宝塚のことを考えてしまったのでしょうね。

それでも、このままみんなと同じように大学に行って、どこかの企業《きぎょう》に就職するという生き方は自分が望んでいるものではない。そんな心からの叫《さけ》びを私自身が一番わかっていました。その気持ちは、不安さえも打ち消すほどに強かったのだと思います。

今でもときどき考えるのは、もし、学生のときに宝塚以外の目標を見つけていたらという仮定での自分です。もし部活に夢中になるきっかけがあったら、とことん練習に打ち込んだでしょうし、もしこの人しかいない！と思うような好きな人ができたとしたら、その人に好かれるために必死でいろいろ行動したと思います。

つまり、私ががんばれたのは、宝塚という特殊な世界を夢見たからではないのです。自分で決めたことならあきらめずに努力する。それはなにも将来の目標に限ったことではなくて、たとえ学校のテストのような小さなことであっても同じです。目標があれば、それに向かって一直線。それが私なのです。

不合格に終わった初受験

高校1年生の春。初めての宝塚音楽学校受験に挑《いど》みました。当時の一次試験はクラシックバレエと声楽、そして面接。東京と宝塚の2つの会場で受験する1000人近くが、この一次試験で100人ほどに絞《しぼ》られます。

受験のために初めて兵庫県宝塚市を訪れた私は、受験会場だった音楽学校（宝塚音楽学校旧校舎）に足を踏《ふ》み入れるだけでドキドキです。

いざ受験会場に入ると、ストレッチをする人、発声をする人――見たこともない世界が広がっていました。髪をきれいにひっつめている人がいるだけでもの珍《めずら》しくて。宝塚受験専門の有名スクールから来た子たちのグループもできていて、その人たちは当然顔見知り同士。たったひとりで九州から来た私は、彼女たちの熱気に圧倒《あっとう》されて怖《おじ》気《け》づいてしまいました。

自分以外の全員が都会の人に見えました。地方から出てきた私はきっと田舎者《いなかもの》に見えるのだろうな。技術的にも劣《おと》っているに違いない。試験が始まる前から劣等感《れっとうかん》でいっぱいで、自信を失ってしまったのです。正直なところ「負けられない」ではなく、「絶対に負けている」。ネガティブな気持ちになってしまっていました。

やはり、このときは初めての受験でその空気に呑《の》まれてしまった部分が大きかったのだと思います。一次試験はかろうじて合格できたものの、本来の自分らしさを発揮できず、二次試験は不合格に終わりました。

二度目の挑戦《ちょうせん》となった高2のときは、一次試験すら通過できませんでした。

当時の私は思春期らしく体重が増えたことをものすごく気に病《や》んでしまっていて、最初の受験時よりも自信を喪失《そうしつ》してしまっている状態でした。太ったことよりも、自分自身が恥ずかしいと思ってしまって、本来の快活な自分をまったく出せなかったことが原因だったように思います。


それからは厳しいダイエットの日々。真夏にボクサーが着るような厚着でウォーキングして無理に汗《あせ》をかいたり、食事はサラダに入っているハム1枚でさえよけたりするという生活。

今思うと、思春期にそんな無理なダイエットをすることは、絶対に体によくないとわかります。「宝塚に入るためなら、どんなことだって耐《た》えてみせる」という気持ちが、この頃ちょっと変な方向に暴走してしまっていたのかもしれません。

悩みは書いて整理する！

高1、高2の2回の受験で不合格になったときは、もちろんものすごく落ち込みました。でも、そこであきらめられるほど私の宝塚への想いは軽いものではありません。

翌年の受験に向けてどうやって気持ちを切《き》り替《か》えていたのか？　私が使っていたのは、ノートです。

なんでもいいからノートを1冊用意して、自分に足りないこと、次の受験に向けてしなければいけないことを書き出すのです。受験会場で見た他の受験生と自分はなにが違うのか。悔《くや》しい気持ちやつらい気持ちも全部書きます。不思議なことに書いているうちに気持ちが整理できて、またがんばろうと思えるようになりました。書くことで自分に足りないことが見えてきて、なにから手をつければいいかわかるようになったからかもしれません。

書き出すことが大事なので、書いた内容はそれきりで、後から読み返したりはしません。だって、当時の気持ちを思い出して苦しくなってしまうから。

感情にまかせて書いているので、文字も日によって全然違います。どうにもならない悔しい気持ちで書いているときは筆圧が強いし、気持ちが昂《たか》ぶっているとどんどん文字が大きくなっていく。

その瞬間の自分の感情がすべて表れているのだから、読み返すにはなかなか勇気がいりますよね。

いつの間にかこのことは私の習慣になっていて、宝塚に入団してからも、迷ったときは自分の悩みや課題をノートに書いて気持ちを整理していました。

もちろん、書くだけでは悩みは解決しません。

自分の置かれた状況や課題を把握《はあく》して、次に進む。その前向きな気持ちがなにより大切なのだと思います。

ラストチャンスでつかんだ音楽学校合格

音楽学校を受験できるラストチャンスとなった高3の冬。私は音楽学校の受験と並行して、大学受験の準備もしていました。

高1、高2と不合格だったので、いくら覚悟《かくご》を決めてのぞんでもまた落ちてしまう可能性もある。これまで両親にはたくさん迷惑《めいわく》をかけてきたし、もし音楽学校がダメだったとき、大学浪人《ろうにん》をするわけにもいかないな……。そう思い、両親と相談して国立大学の受験を決めました。

高校は進学校だったので周囲は受験ムード一色。クラスメイトたちも顔を合わせると志望校や偏差値《へんさち》の話ばかりしていました。私も「小論文の勉強なんてしている場合じゃないのに」と内心思いながらも、それでも母との約束を果たすため受験勉強にも真面目《まじめ》に取り組んでいました。

音楽学校用の受験対策、大学用の受験勉強と、この頃の私は、われながら本当に超人《ちょうじん》的《てき》ながんばりを見せていたなと思います(笑)。

そんな日々を続け、高校3年生の冬、まずは大学合格を勝ち取ることができました。

これでひとつ、自分の役目を果たせた。もし音楽学校に落ちても大丈夫《だいじょうぶ》だ。

結果的に、ここで自分にとっての〝保険〟ができたことがよかったように思います。吹《ふ》っ切《き》れたような、今までにないすっきりとした気持ちで音楽学校の受験にのぞめました。


3回目の音楽学校受験では、これまでにない手応《てごた》えを感じることができていました。特に覚えているのが、二次試験の面接で聞かれた質問です。

160cm代の私は男役志望者の中では背が低かったということもあってか、試験官の先生から「男役を希望されていますが、娘役もできますか?」と、質問がありました。

男役になりたくて宝塚を目指しているので、本当は娘役をするつもりなんてまったくありません。だけどそのときの私は「もちろんです。どちらでもやります!」と、明るくハキハキと答えました。それも、普段の恥ずかしがり屋な自分からは想像できないくらい堂々と。合格するための手段として、「必要ならやります」と言ってもいいと、余裕を持って受け応えできるようになっていたのです。

過去2回の面接では、不安から受け応えにも自信のなさが現れてしまっていたように思います。でも、このときの私は、宝塚受験にも慣れ、しかも保険としていた大学合格を果たした後。これまでになく、ポジティブな気持ちでいられたことがよかったように思います。

そして結果は見事合格。

試験後の合格発表で、合格者一覧の掲示板《けいじばん》に自分の名前を見つけた瞬間、心のなかで「よっしゃー!」と大きくガッツポーズ。とにかく有頂天だったから母に結果を連絡《れんらく》することすら忘れていて、後で職員の方に「お母様から連絡が来ているから、電話してください」と言われてしまったほどでした。

同時に、これからはどんなことでも耐えなければいけないのだという覚悟が決まりました。部活帰りに星に誓ったことを思い出したのです。

今振《ふ》り返《かえ》ると、二度の不合格も当時の私にとっては必要な試練だったのだと感じています。

もし、一度目の受験で合格していたら――。その後、宝塚に17年間在籍《ざいせき》することは不可能だったように思います。ましてやトップスターになんてなれなかったはず。「この程度で入れるのか」「これくらいの努力でいいんだ」。そんなふうに思っていたかもしれないからです。

高校3年間は音楽学校と大学、2つの受験に追われた日々でした。

でも、普通の高校生としての青春も満喫《まんきつ》できたし、学校で人間関係も学べました。なにより夢中になって夢を追い続けることができた。今思い返しても、自分の成長にとって必要な3年間でした。

自分で自分を試《ため》したつもりはありませんが、宝塚への気持ちを持続できるのか、本当にそこまでしてやりたいことなのか――。もしかしたら、そんなふうに神様に試されていたのかもしれませんね。

第2章

宝塚生活は
毎日が挑戦!

WORLDLY WISDOM
FOR 14 YEARS OLD

カルチャーショック続きの音楽学校生活

1999年4月、私は87期生として宝塚音楽学校に入学しました。いよいよ宝塚音楽学校での生活が始まります。

憧《あこが》れのグレーの制服に、初めての寮《りょう》生活、*1 全国から集《つど》ってきた同期たち。新しい生活を前に期待と緊張《きんちょう》でいっぱいの私を待っていたのは、カルチャーショックの連続でした。

まず、上下関係が本当に厳しいんです！

音楽学校は2年制で1年目を予科、2年目を本科といいます。予科生の生活指導は本科生が担当するのですが、少しでもダメなところがあると叱《しか》られてしまいます。掃除《そうじ》のときに掃除用具の置き場所がずれていたら叱られるし、制服のりぼんが曲がっていても叱られる。挨拶《あいさつ》をしないなんて、もってのほかです。

＊1　**寮生活**｜宝塚音楽学校では、通学圏内に自宅などがある場合を除き、多くの生徒が寮に入り共同生活を送る。

どうして叱られるのか理解できるものもありましたが、当時はなんでそんなことで？と思ってしまうこともたくさんありました。

私が在籍《ざいせき》していた頃よく言われていた、「阪急《はんきゅう》電車が通るときは、お辞儀《じぎ》をする」というものもそのひとつ。

宝塚音楽学校の近くには、阪急宝塚駅と宝塚南口駅という阪急電車が通る２つの駅があるのですが、当時、予科生は電車が通るたびに電車に向かってお辞儀をするのが慣習でした。

理由は、電車に上級生が乗っているかもしれないから。実際に乗っているかどうかなんて関係ありません。

普通《ふつう》、走っている電車に誰《だれ》が乗っているかなんてわからないですよね？　でも、わからないからといってお辞儀をしなかった電車に上級生が乗っていたら失礼にあたる。だから、通る電車すべてにお辞儀をしていたのです。不思議に思いながらも、後で叱られたくないので私も素直《すなお》に従っていました。

一見理不尽《りふじん》に思える慣習ですが、実はこれも「挨拶をする」「目上の人を敬う」という礼儀作法を教えるためにあるもの。

舞台《ぶたい》は出演者だけでなく、演出家や進行スタッフ、美術や衣裳《いしょう》スタッフなどさまざまな人の力があって初めて成立します。大勢の人たちと関わる上で大切な礼儀作法を、音楽学校時代にしっかりとたたき込《こ》まれるのです。

当時はそこまで理解できておらず、かといって特別反発心を抱《いだ》くでもなく、「厳しいと聞いていた音楽学校だし、こんなものだよな」と感じていました。厳しい規則や指導に宝塚の世界に入ったことを実感することができたし、憧れのタカラジェンヌに近づいていると思うとわくわくしていました。

上級生からの厳しい指導を受けるうち、同じ87期生として入学した同期たちとの絆《きずな》も強まっていきました。

音楽学校は中学校卒業から高校卒業までの間に4回受験できるので、同期といっても中学校を卒業したばかりの子から高校を卒業した子まで、年齢《ねんれい》はバラバラです。高校卒業後に入学した私は最年長グループのひとりでした。最年少の子との年齢差は3歳《さい》。妹よりも年下の子と同期になった私は、お姉さんのような立場になることもありました。

音楽学校は常に団体行動が基本でした。なにかあると同期全員に連帯責任が求められます。誰かひとりがミスをしたら、当人だけではなく全員が叱られるのです。自分は悪くないのに叱られるなんてひどい！　きっとそう思う人もいるでしょう。でも、宝塚ではそれが常識なのです。

もちろん、これにも理由があります。

入団してステージに立つようになった後、もし舞台上で誰かがセリフを忘れたり、小道具を持たずに出てしまったりしたら。本番中は出演者同士が助け合って、その場を切《き》り抜《ぬ》けないといけません。連帯責任を通して、私たちは仲間同士で助け合うことの大切さを学ぶのです。

下級生の頃《ころ》はみんなで身だしなみをチェックしたり、できないことは教え合ったりと、いつの間にか同期で助け合うことがあたり前になっていました。

それは舞台に必要なことだから、という立派な心がけからだけのことではなく、「叱られたくないから」という気持ちも大いにありましたが……。まだ10代の子どもだし、叱られたくないという理由でも当然ですよね（笑）。今となっては、笑い話になっていることもたくさんあります。


もうひとつ。音楽学校に入学して驚《おどろ》いたのが、「言葉」です。そう、長崎《ながさき》出身の私はなまっていたんです！　自分では気づいていなかったのですが……。

ある日の演劇の授業のこと。同じ九州出身の子が自分の名前を名乗ったところ、先生から「あなた、なまっていますよ」と注意されたことがありました。それを聞いて、私はびっくりしてしまいました。「名前がなまるってどういうこと？」って。生まれてからずっと名乗ってきた名前がなまるなんて、ありえないと思ったのです。それに、私にはその子の言葉がなまっているようには聞こえませんでした。

私には普通に聞こえる言葉が、なまっていると指摘《してき》された……ということは、私もなまっているんだ!?　まさかそんなハンデがあったとは、衝撃《しょうげき》でした。

宝塚で上演される作品は、ほとんどのセリフが標準語です。日本が舞台の時代物では、ごくたまに方言やなまりが使われることもありますが、もともとのなまりが活《い》かされる機会なんてめったにありません。

なまっていると、セリフに加えて、正しいイントネーションも覚えなければいけないので、苦労も倍になります。なにより、キラキラした衣裳に身を包んだタカラジェンヌがなまっていたら、やっぱりかっこ悪いですよね。

なんとか直さなくちゃ。そう思った私は、同期になまっているたびに指摘してくれるようお願いしました。

なまりって、自分では気がつけないから、直すのがすごく難しいのです。たとえば「～しとくけん」というように、語尾《ごび》に「けん」を付けるのは九州の方言だということはわかっていたので、なるべく使わないようにしました。そのかわり、丁寧語《ていねいご》で話すようにしたのですが……実はその丁寧語もなまっていることがわかって（笑）。関東出身の同期からすると、イントネーションが違《ちが》うらしいのです。

特に3文字の単語が苦手でした。アクセントを付ける位置に癖《くせ》がついてしまっているようで、「なみだ（涙）」とたった3文字を言うだけでも「ちぎ、*2今なまっていたよ」って同期に注意されてしまう。最初のうちはお芝居《しばい》でセリフを上手《うま》く言う以前の問題でした。今、自然に標準語を話せているのは、根気よく付き合ってくれた同期のおかげです。

「D課外」でも恥《は》ずかしくない！

音楽学校に入れたら、どんなことでも耐《た》えてみせる。受験生時代、星に向かって誓《ちか》った私は、授業開始早々、いきなり大きな壁《かべ》にぶつかります。

バレエの授業で、一番下のクラスである「D課外」に入れられてしまったのです。私が在籍していた頃、バレエの授業は実力順に上からA、B、C、Dと4つのクラスに分かれていました。そのうち、一番上のAと一番下のDの2クラスは通常の授業のほ

＊2　ちぎ｜早霧の愛称。タカラジェンヌは芸名以外に愛称があり、劇団員やファンから愛称で呼ばれることが多い。芸名や本名にちなんだものなど、さまざまな愛称がある。

かに、課外授業がありました。A課外は上手《じょうず》な人の技術をさらにレベルアップさせるための特別レッスン、一方のD課外は足りない技術を身につけるための授業、要するに補習でした。

D課外だと告げられたときは、「悔《くや》しいけれど仕方がない」と素直に受け止めました。中学生から始めた私のバレエ歴はたったの数年。小さい頃から習っていた同期と比べて実力が足りていないことは自覚していたからです。

正直、ショックだとか恥ずかしいとかいう思いよりも、ほっとした気持ち。だって、これから2年間バレエをしっかり学ぶ機会をもらったのだから！　D課外の仲間たちと一緒《いっしょ》にがんばればいいのだ、と。

D課外の仲間だけでなく、A課外の同期の存在も心強く感じました。身近にお手本となる人がいるのだから、彼女たちに教えてもらえばいいのだと思ったのです。

「できないから教えてほしい」と聞くことは恥ずかしくありませんでした。当時の私は「バレエを克服しなければ」という思いでいっぱいで、そんなことを恥ずかしがっている余裕もなかったのです。今教えてもらわないと、後で絶対に後悔する。聞かないでできないままでいるほうがよほど恥ずかしいですよね。

「聞くは一時《いっとき》の恥《はじ》、聞かぬは一生の恥」ということわざがありますが、まさにその通り。たとえ相手が年下の同期だったとしても、「教えて」とお願いしていました。もちろん、できないことを笑う同期なんて誰もいませんでした。

それに、実は宝塚の公演に組み込まれるダンスは、クラシックバレエだけを踊《おど》ればいいわけではありません。ひとつの公演中でジャズダンスをはじめとする、さまざまな種類のダンスが組み合わされていることがほとんど。クラシックバレエを踊ることのほうが少ないくらいです。

もちろん、公演の一場面でバレエの振《ふ》りが入ることはあるし、バレエの基礎《きそ》が身についていないと、他の踊りも上手に踊れません。でも、バレエだけが求められているわけではないのもまた事実。だったら私は苦手なバレエだけに捉《とら》われずに、とにかく踊れるようになろう。そう決めました。

音楽学校にはクラシックバレエ以外にも声楽や演劇、ピアノ、モダンダンスなどさまざまな授業がありました。それぞれの試験の成績を合わせて、全体の順位が決まるのです。どれかひとつの教科の成績が悪くても、他の教科がよければ全体の順位は上がります。

バレエが苦手だった私は他の授業でがんばってバレエの成績を補おうと決め、経験者が少ない日本舞踊《ぶよう》に目をつけました。みんなと同じ地点からスタートできる授業なら、よい成績が残せるかもしれないと思ったからです。

ひとつ苦手なものがあっても、全部がダメなわけじゃない。自分にできることを探してそれを伸《の》ばせばいいんだ。それが、音楽学校の成績を落とさないために私が考えた作戦でした。

苦手なことがあると、そればかり気になってしまうのは当然のこと。数学が嫌《きら》い、英単語が覚えられない、走るのが遅《おそ》い……。できないことばかりを考えてしまうと、視野が狭《せば》まってしまいます。

そんなときは自分が得意なこと、好きなことに目を向けてみてください。自分はダメなんかじゃない、できることだってあるのだと思えるはずです。私がバレエ以外の授業でがんばることを選んだように、そこから問題解決の糸口が見つかるかもしれません。

できないことを、〝できる〟に変えるために

できることを探して地道な努力を続けていた予科時代の私。ときにはいくらがんばっても、思うような成績を出せないこともありました。そんなときは、ものすごく落ち込《おこ》んでしまいます。

でも、落ち込んでいるだけでは成績が上がることなんてない。2年後には卒業して、宝塚歌劇団に入らないといけません。落ち込んでいる時間すらもったいないのです。

成績を上げるために、まず次の試験に向けて必ず目標を立てるようにしていました。バレエの試験の成績が30位だったら「次は25位を目指そう」、歌の成績が15位だったら「今度は10位になるぞ」。具体的な順位まで考えます。

目標を設定すると、自分に足りないこと、やらなければならないことがおのずと見えてきて、具体的な行動に移しやすくなる。闇雲《やみくも》にがんばるよりもずっと効率がいいのです。

思い返せば、受験生時代にも同じことをしていたように思います。最初の２回の受験で不合格になったとき、気持ちを切《き》り替《か》えるためにしたのは、ノートに想《おも》いを書き出すことでした。あのときも、できないこととひとつずつ向き合うことで、必要なことを見つけていたのです。

問題をひとつずつ分析《ぶんせき》して、解決策を見いだしていく。これは壁にぶつかったとき、乗《の》り越《こ》えるための私の必勝パターンなのかもしれません。

ただ、そうやって解決策を探しても、どうしても乗り越えられない課題がありました。それは、歌。予科時代から、実は本科生になってからもなかなか対策が見つからず、私にとってラスボスのような存在となっていきます。

そんな難敵とどう決着をつけたのか。それはまた次章であらためてお話ししたいと思います。

厳しい指導も、同期がいれば乗り越えられる

すでに音楽学校では連帯責任が求められることはお話ししましたが、それは生活指導だけでなく歌やダンスの授業でも同じです。

たとえば、ダンスの振りが揃《そろ》わないときは、動きが遅《おく》れた人だけでなく全員が叱られるのです。さらに先生方には、「あの期はダンスが上手だった」「あの期は歌える学年だった」と、よく上級生と比《ひ》較《かく》されていました。

特に先生方からお名前があがったのは、2つ上の85期生で星組トップスターを務めた柚希礼音《ゆずきれおん》さん＊3。柚希さんは、ダイナミックなダンスで知られる実力派スターです。学年2番の成績で入団し、早くから注目されていた柚希さんは、私たち87期生にとっても憧れの存在でした。

でも、どんなに憧れの存在の人たちにも、同じ音楽学校生だった時代があることに変わりはありません。「踊りが苦手な期」という自覚があった私たち87期も、やっぱり比

＊3　**柚希礼音**｜女優。元星組トップスター。1999年に85期生として宝塚歌劇団に入団、星組に配属される。2009年に星組トップスターに就任、2015年に退団。

べられると悔しいんですよね。少しでも差を縮めようとみんなでがんばるのですが、また先生に叱られる。悔しいからまたがんばる。その繰《く》り返《かえ》しで、さらに絆が強まっていきました。

厳しい指導に耐え、ときに助け合ってきた同期たちは単なる友達でもない、ライバルでもない特別な存在。退団した今も、それは同じです。芸事《げいごと》の技術だけでなく、87期という大切な仲間たちを得られた場所、それが音楽学校でした。

喜びと不安に襲《おそ》われた「観劇日」

私が音楽学校に通っていた頃、月に一度、宝塚大劇場で舞台を観《み》る「観劇日」という日がありました。２階席の一番後ろの席で実際の公演を観られるのです。受験生時代、地元にやって来る全国ツアー公演を心待ちにしていた私からすれば、毎月生《なま》の舞台を観られるなんてこれほど贅沢《ぜいたく》なことはありません。

ところが、音楽学校生になった私にとっては、単純に喜べないことになっていたのです。大好きな宝塚の舞台を観られるのだから、うれしいに決まっています。ただ、それ以上に「2年後に自分が同じ舞台に立てるのだろうか」という不安や焦《あせ》りに襲われるのです。

卒業したら宝塚歌劇団に入団する資格は手に入ります。初舞台生として舞台に立つこともできます。でも、本当にそれでいいのだろうか？　今自分が観ている上級生たちと同じレベルというわけにはいかなくても、お客様にお見せできるレベルになれるのだろうか？

とたんに、ここで学ぶ2年という期間がとても短く感じられました。

入学する前は音楽学校で学べば実力もついて、立派なタカラジェンヌになれると思っていました。経験のない今はダメでも、入ればなんとかなるだろうという楽観的な気持ちすらありました。けれど、それは間違《まちが》いだったのです。

先輩方《せんぱいがた》の舞台を観た後は、いつも「今のままではダメだ」と強く感じました。焦りから、その足で急いで稽古場《けいこば》に帰って、同期にバレエのお稽古に付き合ってもらうなど、いつも以上に集中してレッスンに打ち込みました。

ここでも、私の問題を分析する癖が発揮されていたのでしょうね。焦って落ち込むこともありましたが、その後は必ずダメな原因を探して解決策を見つけ、行動に移すようにしていました。

劇団に入ってからも、そして現在も、この〝分析癖〟は続いています。14歳のときに、宝塚を目指したときから、ずっとです。

「宝塚」という簡単には叶《かな》えられない夢を持ったこと。その夢に向かって、何度もぶつかった経験があったからこそ、こうしたやり方が身についたのかもしれません。

両親の影響《えいきょう》で小さな頃から宝塚が大好きで、宝塚に入るためにずっとお稽古をしているような子ども時代を過ごしていたら、今とは少し違う性格になっていたのかも、と考えることもあります。

宝塚とはほど遠い世界に生きていた私が、自分の力で見つけた夢。そこに向かって、ただひたすらがんばった、その経験が今の私を作り上げているのかもしれません。

音楽学校の集大成となった文化祭

音楽学校の2年目、本科生になるといよいよ宝塚大劇場での初舞台が現実味を帯びてきます。初舞台の前に、まずは2月に行われる「文化祭」があります。2年間の成果をお客様にお見せする卒業公演です。

文化祭の会場は、宝塚大劇場に隣接《りんせつ》する「宝塚バウホール」*4。現役のタカラジェンヌや劇団卒業生の公演も行われる劇場です。憧れの先輩たちと同じ舞台に立てる。しかも家族だけでなく、一般《いっぱん》のお客様もチケットを買って観に来てくださる。私たちにとっては、一大イベントです。

文化祭ではお芝居とショーを披露《ひろう》するのですが、配役はもちろん、歌やダンスの見せ場を誰が担当するかまで、すべて卒業試験の成績で決まります。お芝居の成績がいい人

＊4　宝塚バウホール｜宝塚大劇場に隣接する座席数526席の小劇場。主に若手スターの主演公演やコンサートが行われる。宝塚音楽学校の文化祭会場でもある。

は主役を演じられるし、歌が上手な人はソロで歌う場面をもらえます。

文化祭は一般の方の目に見える形で私たちの成績がさらされる、初めての場です。配役やソロが成績で決まることは、宝塚ファンの方ならご存じです。だから、観に来てくださったお客様には、誰が成績上位者なのかは一目瞭然《いちもくりょうぜん》なのです。

それまでも試験のたびに自分の順位は知らされていましたが、自分以外の生徒の成績は知らされません。ただ、上位４人は「委員」という学級委員のような役目に就くためわかるし、「１位は○○ちゃんだって」という噂《うわさ》も流れてくるから、誰が成績上位なのかはなんとなく感じています。でも、それもあくまで音楽学校生の間だけのことで、外部の方は知らないはず。

今年の首席は誰か、入団後に活躍《かつやく》しそうな生徒はいるか。文化祭時点からお客様に注目されるので私たちも気が抜けません。少しでも目立つ役をやりたい、ひと言でも多くセリフを言いたいという気持ちはみんな同じでした。

私の成績は42人中19番、ちょうど真ん中くらいでした。お芝居でもらえたのは特別目立つ役でもなく、大勢の中のひとり、という感じの役。

今の自分の実力ならこの役でもしょうがないと、頭では納得していました。でも、主役や敵役《かたきやく》などいい役をもらっている人に対する「うらやましい」「悔しい」という気持ちがあったのも事実です。内心では「今に見ていろ！」とも思っていました。

今はまだダメかもしれない。でも最終的な目標は文化祭ではなく、入団してからにある。今は真ん中の成績でも入団後にある試験ではもっと上を目指そう。想いはすでに、入団後の世界に向いていたのです。

早く宝塚歌劇団に入りたい。タカラジェンヌとして舞台に立ちたい。心のなかは、すでにそんな想いで燃えていました。

＊5　ベルサイユのばら　2001－フェルゼンとマリー・アントワネット編－｜2001年に宙組の和央ようか、花總まり主演で上演された作品。原作漫画からスウェーデン貴族フェルゼンと、フランス王妃マリー・アントワネットのエピソードが中心に描かれた。脚本・演出は植田紳爾、演出は谷正純。

お客様の愛を感じた初舞台

そして、私たち87期生は、２００１年３月に宝塚音楽学校を卒業しました。休む間もなく初舞台のお稽古がスタートします。

音楽学校卒業後は、毎年３～５月頃に宝塚大劇場で行われる公演に、初舞台生として出演します。私たち87期生の初舞台は、宙《そら》組公演『ベルサイユのばら　２００１―フェルゼンとマリー・アントワネット編―』[*5]でした。

初舞台生がやることとは、お芝居の開演前の口上《こうじょう》とショーのラインダンス[*6]の２つだけです。

口上とは宝塚の礼装である緑の袴《はかま》と黒紋付《くろもんつき》を着て、舞台上で挨拶をすること。「これから舞台に立たせていただきます」と、入団したことをお客様の前で報告するのです。

もうひとつのラインダンスは、宝塚のショーでおなじみですよね。宝塚といえば、大《おお》階段《かいだん》とトップスターが背負う大羽根《おおばね》[*7]、それにこのラインダンスを思《おも》い浮《う》かべる人も多い

＊6　**ラインダンス**｜1列に並んで踊るダンス。「ロケット」とも呼ばれる。男役女役問わず下級生が出演することが多く、初舞台公演では初舞台生全員で踊るのが慣例。

＊7　**大羽根**｜トップスターが背負う羽根飾り。主に宝塚大劇場と東京宝塚劇場での公演の最後に登場する。重さは数十kgに及ぶといわれている。

のではないでしょうか？

華《はな》やかに見えるラインダンスですが、実際にやってみると、とにかく大変なことばかりでした。

脚《あし》を上げるタイミングや高さが少しでもずれていると叱られるし、踊りに夢中で笑顔が消えても注意される。「チェイサー」と呼ばれる、電車ごっこのような状態で足踏《あしぶ》みをして走る動きも持久力が必要です。お稽古の段階からしっかり絞《しぼ》られました。

なかでも大変だったのが、全員の動きを揃えることでした。手の角度から脚の高さ、首の角度まで42人いる同期全員の動きを揃えなければいけないのです。

最初のうちはばらばらで怒られてばかり。一生懸命《いっしょうけんめい》やっているつもりなのに叱られると悔しくて、涙《なみだ》が出そうになったこともありました。自分ひとりで解決できることじゃないから、どうしたら揃うのか同期みんなで話し合って解決策を探しました。今まで2年間厳しい生活を続けていたのは、同期一丸となってこの初舞台を成功させるためなのだとあらためて実感しましたし、同期との絆を再確認するできごとでした。

そもそも、音楽学校では歌やバレエは学ぶけれど、ラインダンスは初舞台のお稽古で初めて体験するのです。初めての挑戦《ちょうせん》というだけでも大変なのに、求められるのはプロとしてお客様の前で披露して恥ずかしくない高いレベルです。毎日朝から晩まで何時間も練習を続けました。

ラインダンスの指導は、ダンスの先生以外に上級生の方々の担当でもありました。それもまた厳しくて……。でも、先輩方も経験されたこと。つらさがわかっているから、愛情も感じられて、まさに〝青春〟という感じでした。

変な話ですが、指導を受けながらも、「私がやりたかったことはこれだ、本当に宝塚に入ったんだ！」と実感できたのです。少しでも上達すると本当にうれしくて、「生きているってこういうことなんだ」と強く感じたことを覚えています。

そして、いよいよ初舞台公演の初日。

憧れてやまなかった宝塚大劇場に立てる。お客様の目の前でパフォーマンスができる。

うれしさとドキドキする気持ちで胸がはちきれそうでした。

舞台に出ていくと、お客様の割れんばかりの拍手《はくしゅ》が私たちを迎《むか》えてくれました。入団したばかりでどんな生徒*8だかわからない私たちを、無条件に優しく迎えてくれたのです。始まったばかりなのに泣きそうになるほどうれしくて、無我夢中で踊りました。

ずっと客席から見ていたキラキラ輝《かがや》く世界。今、私はその世界に立っているのだ。目がくらむほどのまぶしいライトに照らされて見る客席は、お客様の温かい視線や笑顔であふれていました。そんな光景を目にしたら、上手に踊れるかという不安よりも、自分たちががんばってきたことを見てもらおう、踊りを通して喜びと感謝を伝えよう、という気持ちが湧《わ》いてきて、必死に踊り続けました。

ラインダンスが終わると、最後はチェイサーをしながら本舞台の前にある銀橋《ぎんきょう》*9を同期全員で走り抜けて舞台袖《ぶたいそで》にはけていきます。さんざん脚上げをした後なので、この頃にはもうクタクタ。少しでも気を抜いたら倒《たお》れてしまいそうなくらい疲《つか》れきっていました。それでも手を抜こう、サボろうという気持ちにはなりませんでした。絶対にあきらめた

＊8　生徒｜宝塚歌劇団の劇団員のこと。

＊9　銀橋｜オーケストラボックスと客席の間にある通路形の舞台（エプロンステージ）のこと。宝塚大劇場と東京宝塚劇場にある。

くないという思いでいっぱいだったし、お客様の拍手がそれを後押《あとお》ししてくださったのです。

無事に銀橋を走り抜けて舞台裏で同期たちと顔を合わせると――みんなの目に涙が浮かんでいました。大きな失敗もなく初日を終えた安心感と、お客様に温かく迎えてもらえた喜びでわけがわからないような状態。汗《あせ》と涙でお化粧《けしよう》が取れて、顔もぐちゃぐちゃでした。

この日のために毎日寝《ね》る間も惜《お》しんで練習してきて、その努力がやっと日の目を見て、お客様にも拍手をいただけて……達成感でいっぱいです。

お稽古の苦しみも、舞台に立ってお客様に拍手をいただけるこの一瞬《いっしゅん》があればチャラになるんだ。乗り越えてきたものが大きければ大きいほど、得られる喜びや達成感も大きいんだ。

言葉や点数での評価ではない、お客様の生の反応はこんなに気持ちがいいものなのか。そのことを、身をもって学びました。

お客様の反応は、私にとって最大のご褒美《ほうび》。初舞台でそう感じました。そしてそれは、今でも舞台に立つ上で私の軸《じく》になっています。

初舞台で舞台上から見たお客様の笑顔は、のちにトップスターとして大羽根を背負って大階段の上から見たのと同じくらい、とてもきれいなものでした。

芸名「早霧せいな」の由来

初舞台を終えて、タカラジェンヌとしての第一歩を踏み出した私たち。これからは本名ではなく、芸名を名乗って活動することになります。

タカラジェンヌの芸名といえば、キラキラとした独特の名前で有名ですよね。使われる漢字も「美」「花」「月」「輝」など、華やかなものばかり。実はこうした芸名はタカラジェンヌが自分で決めているのです。

芸名は本科生の夏に考えて、夏休みが終わったら学校に提出するのが伝統です。憧れのスターやお世話になった方のお名前から1文字いただいたり、本名の漢字を取り入れたりと決め方は人それぞれ。

私は漢字2文字の苗字《みょうじ》に、ひらがな3文字の名前という並びに憧れていたので、それに当てはまる芸名を考えました。

まずは苗字を決めようと思い、赤ちゃんの名づけ辞典を見てしっくりくる漢字を探しました。いろいろ見ていくなかで「早」「霧」の2文字がいいなと思い、「早霧」が決定。「さぎり」という響《ひび》きと、漢字で書いたときのどことなくシュッとした並びが気に入りました。

苗字が決まったら、次は下の名前です。ひらがな3文字ということ以外に希望はなかったので、全体の画数がいいものを考えました。第一候補は今の芸名でもある「せいな」。「せいあ」「せいや」が次点でした。学校に提出しても先輩の芸名と似ていたり、読みにくかったりすると却下《きゃっか》されてしまうこともあるので、第二希望や第三希望まで考える必要があるのです。

悩《なや》みに悩んで考えた芸名。学校に提出する前に家族に報告しようと見せたのですが、そのときの母の反応が面白くて、今でも覚えています。

私は本名の下の名前が「まみこ」というのですが、母が「まみこ以外は呼べないから、『まみこ』にして！」って言うのです。家族なのだから芸名で呼ぶ必要なんてないのに（笑）、どうしても違和感《いわかん》があるって。一応、「まみこ」という芸名の自分を想像してみたのですが、やっぱりイメージと合いません。

最近は芸名に「子」が付く方はあまりいない、というのもあります。私が入団したときにいらっしゃった瀧川末子《たきがわすえこ》*10さんという娘役《むすめやく》の方は、おばあ様、お母様、娘さんの3代で同じ芸名を受《う》け継《つ》いでいるお名前でした。

それに、私は男役を目指していましたし、男役に「子」はしっくりきません。母を説得して、なんとか「まみこ」をあきらめてもらいました。

もし、母の希望通り「まみこ」にしていたら。どんなタカラジェンヌになっていたんでしょうね。もしかしたら今と全然違う人生を歩んでいたかもしれません。

*10　**瀧川末子**｜元月組娘役。1995年に81期生として宝塚歌劇団に入団、2007年に退団。

学校から却下されることもなく、私の芸名は第一候補の「早霧せいな」に決まりました。スムーズに決まったものの、実はこの芸名が自分の名前としてなじむまでには３年ほどかかっています。

宝塚に入団すると、多くの生徒が「千社札《せんじゃふだ》」と呼ばれる芸名が印刷されたシール状の札を作ります。千社札は自分の持ち物に貼《は》ったり、他の生徒にあげたり、挨拶状に貼ったりといろいろな場面で使います。私も在団中は何度も作りました。

芸名が決まって、初めて千社札を作ることになったときのこと。困ったことに、何色の千社札を選べばいいのかわからなかったのです。まだ、「早霧せいな」をどんなタカラジェンヌにしたいのか、何色がイメージに合うのか決められていなかったことが原因です。結局、そのときは悩みに悩んで薄紫《うすむらさき》色を選びました。

そんな違和感も学年が上がるにつれて徐々《じょじょ》になくなって……今では病院の受付でも芸名を名乗りそうになってしまうくらい、私自身とは切っても切れない名前となりました。

下級生時代は、すべてが勉強！

初舞台を踏んだ後は、5つある組のうちのどこかひと組に配属されます。花、月、雪、星、宙のなかから私が配属されたのは、初舞台公演と同じ宙組でした。密《ひそ》かに宙組に入りたいと思っていたので、発表されたときは大喜び！　やっぱり初舞台を踏んだ組には愛着が湧くものです。でも、当時の宙組は背が高い男役さんが多かったので、168㎝と男役の中では背が低い自分はきっと無理だろうなという思いもありました。

配属先は自分で選ぶわけではないので、発表されるまでまったくわからない状態。発表前は、同期同士で「何組に入りたい」「〇〇ちゃんは何組に配属されそう」と想像して楽しむのですが、私はみんなから「花組か雪組になりそう」と言われていました。同期から見ても宙組っぽくないんだ、とあきらめかけていたので、配属が決まったときは本当にうれしかったです。

そして、いよいよタカラジェンヌとしての生活が始まります。

キラキラした衣裳を着て舞台に立って、お客様からは大きな拍手をいただいて、夢のような日々が待っている……と思いきや、もちろんそう簡単にはいきません。

音楽学校と同じように、厳しい上下関係が待っていたのです。

宝塚では、劇団に入団した後も私たちの扱《あつか》いは「生徒」です。入団後1年目は研究科1年生で「研1」、2年目は「研2」というように劇団の研究生として扱われます。それは、トップスターや芸歴20年を超《こ》える先輩だって同じ。劇団に所属する全員が「生徒」なのです。

最下級生の私たちを待っていたのは、細々《こまごま》とした雑用に追われる日々でした。

公演が始まる前、1カ月ほどお稽古期間があります。その稽古場で使う小道具の準備は、最下級生の担当です。

自分の出演場面は少なくても、お芝居で使う椅子《いす》やグラスを人数分用意するなどお稽古中は大忙《おおいそが》し。ひとつでも足りないと進行を妨《さまた》げてしまうから、しっかりチェックする必要があります。

演出家の先生不在で、生徒だけで行う「自主稽古」の準備も私たちの担当でした。全員で踊るダンスシーンの音楽の音出しを任されます。

準備ができているかは、音楽学校時代と同じように私たちの1学年上の研2の先輩方が確認します。さらにそれを私たちの2学年上にあたる研3の先輩が確認するのです。もしできていないことがあると、研3さんが研2さんを注意して、さらに研2さんが研1の私たちを叱る。徹底《てってい》した上下関係が築かれていました。

私たちのせいで研2さんが注意されるわけにはいかないから、できるだけ気をつけて準備をするのですが、上手くいかなくて、同期でケンカをすることもしょっちゅうありました。「準備しておいてって言ったのに、どうしてやってないの!」「私やったもん」なんて子どもみたいに言い合ってしまうこともありました。

宙組に配属された同期の7人のなかにも、成績順でなんとなくの序列がありました。特に成績が1番の子はなにかあると代表で先輩に叱られるから、責任感が出てみんなをまとめるようになります。宙組の同期のなかでは、和音美桜《かずねみおう》＊11という娘役が1番でした。〝たっちん〟という愛称《あいしょう》で呼ばれていた彼女《かのじょ》はしっかり者で、いつも私たちを先導してくれました。

私の成績は7人中4番。私の上には娘役2人と男役1人がいたので、男役のなかでは2番目でした。真ん中の成績だったのでついのんびりしてしまって、たっちんに頼《たよ》ってばかりいました。

研4のとき、たっちんが宝塚の外部で行われる公演のヒロインに抜擢《ばってき》され、半年ほど不在にしたことがありました。残された私たちは準備も下級生の指導もなんにもできなくて。今までどれだけたっちんに頼っていたのか、ようやく自覚しました。もういい学年なんだし、これからは自分たちもしっかりしなければいけないのだと。気づくまでに4年もかかってしまったので、たっちんには本当に悪かったなと思っています。

＊11　**和音美桜**｜女優。元宙組娘役。2001年に87期生として宝塚歌劇団に入団、宙組に配属される。2004年には外部公演『WEST SIDE STORY』でヒロインのマリア役に抜擢される。2008年退団。

同期と助け合い、先輩の指導を受けながら過ごした下級生時代。思い描《えが》いたように舞台に出ることはできませんでしたが、お稽古場での仕事も、舞台に立つ上で必要なことなのだと感じていました。

小道具の準備はどうしたらスムーズに進行できるか、先を読んで考える力が身につきます。経験が浅い私たちにとっては、些細《ささい》なことさえ大きな学びでした。そしてなにより、間近でトップさんやトップ娘役さん、2番手[*12]さんなど上級生のお芝居を見られる喜びがありました。

上級生からの叱責《しっせき》も、すべて舞台を成功させるためのもの。初日に向けて、全員が必要なことをやっているのだとわかっていたから、上級生を恨《うら》む気持ちになってしまうことなんてもちろん少しもなかったし、辞《や》めたいと思うこともありませんでした。

舞台を成功させる。全員がそのひとつの思いにけん引されていたのです。

＊12 **2番手**｜各組でトップスターに次ぐ男役スターのこと。芝居、ショーともにトップスター、トップ娘役の次に見せ場が多い。

集合日は、緊張と悔しさの嵐《あらし》

公演に向けたお稽古が始まる日を、宝塚では「集合日」と呼びます。私は2番手になるまで、集合日が怖《こわ》くて仕方ありませんでした。この日にお芝居の配役を書いた香盤表《こうばんひょう》が発表されるからです。いい役がもらえなかったらどうしよう、セリフが少なかったらどうしよう。不安で、朝から緊張し通しでした。

2番手になると、公演ポスターに写真や役名が紹介《しょうかい》されたり、ポスターに写真が載《の》らない場合も集合日前に役名が発表されたりすることがほとんど。自分がどんな役を演じるのか、心構えができた状態で集合日を迎えられます。

でも、ほとんどの生徒は集合日に香盤表と台本を見て、初めて自分の役を知るのです。

大きな役がなかなかもらえない下級生のときでも、集合日に緊張するのは同じです。自分がショーでどの場面に出られるのかもこの日にわかります。

下級生時代はショーで見せ場となるダンスの場面に入れずに、よく悔しい思いをしていました。たとえば男役が16人出演する場面があるとします。下級生は出られる人数が決まっていて、成績がいい子から順に選ばれます。さらに厳しいのが……もし、私よりも下の学年にその学年の男役で1番の子がいたら、同期の男役で2番の私ではなくその下級生が選ばれることがあるのです。

同期の男役で2番目だった私は、いつも自分の前で扉《とびら》を閉ざされてしまう。あと少しだと思うと悔しかったですが、もちろん1番の子のほうが私よりも上手いのは事実だから、納得する気持ちもありました。

いつか私もあのなかに入りたい。

そのためには成績を上げないといけない。香盤表を見て落ち込むたびに、悔しい気持ちをバネにしてさらに練習に励《はげ》んでいました。

大劇場公演は、宝塚での公演後、東京宝塚劇場で同じ公演を約1カ月上演するので、お稽古期間も合わせると長い場合は約半年間同じ作品に携《たずさ》わります。思うような役をもらえないと、最初はもちろん落ち込みます。でもそんな状態を半年間も引きずるなんて、自分もしんどいし絶対によくない。

そういう状態が続くと、自分でも「今の私、腐《くさ》っているよな〜」と感じるんです。人間なのだから、落ち込んだり嫌《いや》な気持ちになったりすることがあるのはしょうがない。でも、私は絶対にその状態を人に見せないようにしていました。同期にも、先輩にも、先生にも見せません。相手もそんな私を見たら嫌な気分になるだろうし、私はそういう人間なのだと思われてしまう。マイナスな状態を見せることは、絶対に自分のためにならないんです。

同期や近い学年の先輩がそういう状態だと、やっぱり近くで見ているとわかってしまうんです。あの人、今落ち込んでいるんだな、最近停滞《ていたい》しているのかなって。見ている側も複雑です。だから、私は絶対に周りにわからせないぞと心に誓っていました。今振り返るともしかしたら仲がいい同期には、気づかれていたかもしれませんが。

悔しい思いをしたらただ嘆《なげ》くのではなく、それをバネにしてがんばる。実力アップのために個人レッスンを受けに行ったり、同期と集まって自主稽古に励《はげ》んだりと、がんばるためのエネルギーに変えていました。

でも、寝る間も惜しんでお稽古をするということだけはあまりありませんでしたね。私は寝ることが大好きなので、それだけは譲《ゆず》れませんでした（笑）。

ターニングポイントとなった新人公演初主演

研6のとき、私にとってターニングポイントとなるできごとがありました。入団7年目までの生徒が出演する「新人公演」で主演に選ばれたのです。

新人公演とは、宝塚大劇場と東京宝塚劇場で行われるトップスターの主演作品を、公演期間中に、入団1年目から7年目までの生徒だけで上演する舞台。宝塚と東京で1回ずつ行われ、主演を務める生徒は将来のスター候補として注目される特別な公演でもあります。

＊13　和央ようか｜女優。元宙組トップスター。1988年に74期生として宝塚歌劇団に入団。雪組に配属された後、1998年の宙組発足にともない宙組に異動。2000年宙組トップスターに就任、2006年に退団。

＊14　NEVER SAY GOODBYE－ある愛の軌跡－｜スペイン内戦を背景に、カメラマンの青年と女流作家の恋の逃避行を描いた2006年の宙組公演。当時の宙組トップスター・和央ようか、トップ娘役・花總まりの退団公演。作・演出は小池修一郎、作曲はフランク・ワイルドホーン。

研7までの生徒は、トップスター主演で行う本公演と新人公演の両方に出演しなければいけません。それぞれで演じる役も違います。つまり、お稽古も2倍やらないといけないのです。

私が主演に選ばれたのは、当時の宙組トップスターだった和央《わお》ようか[*13]さんの退団公演『NEVER SAY GOODBYE－ある愛の軌跡《きせき》－[*14]』という作品でした。

宝塚大劇場と東京宝塚劇場で上演される公演は、前半の1幕がお芝居、後半がショーという2本立てが多く、通常は新人公演は前半のお芝居だけを行います。

ところが、今回の作品は前半後半通してひとつのお芝居という「一本物」。一本物は見どころあるドラマと、歌の大ナンバーで魅《み》せる作品が多く、下級生にとってはハードルが高い作品です。

『NEVER SAY GOODBYE』の音楽はブロードウェイで活躍するフランク・ワイルドホーン[*15]氏の作曲という、大作ミュージカル。作・演出は、宝塚だけでなく日本のミュージカル界をけん引する演出家、小池修一郎《こいけしゅういちろう》[*16]先生でした。

＊15　フランク・ワイルドホーン｜アメリカの作曲家。代表作に『ジキル＆ハイド』『スカーレット・ピンパーネル』など。宝塚では2006年宙組公演『NEVER SAY GOODBYE－ある愛の軌跡－』、2017年『ひかりふる路 ～革命家、マクシミリアン・ロベスピエール～』の作曲を担当。

＊16　小池修一郎｜舞台演出家。1977年に宝塚歌劇団に演出助手として入団。オリジナル作品から海外ミュージカルの潤色・演出、漫画のミュージカル化まで幅広いジャンルの作品を手がける。宝塚以外の演出作品に『エリザベート』『モーツァルト！』『1789－バスティーユの恋人たち－』など。

誰もが目標とする新人公演での主演。私もいつか主演をやりたいと願っていました。でも、まさか歌が苦手な私が難曲揃いのこの作品で主演に選ばれるなんて、思ってもいませんでした。まだ研6だったので、1つ上の研7の方が選ばれると思っていたし、周りからもなんで私が選ばれたんだろうという空気を感じました。

うれしかった反面、プレッシャーはハンパじゃありません。

主役のジョルジュ・マルローは大人の男性。トップスターの和央さんにはぴったりだけど、私とは似ても似つかない役です。上手くできるか不安に襲われていたとき、本公演のお稽古で小池先生がかけてくださったある言葉が救いになったのです。

本公演で私が演じていたのは、オリンピック選手のひとりのタリックという役でした。実は、この役も見せ場があって私にはかつてない大きな役です。まだ未熟なところもある青年タリック役は、自分に重なる部分も多かったので、若さゆえの勢いや思い切りのよさを武器にぶつかっていこうと決めていました。

お稽古中、他のオリンピック選手役の生徒たちと集団での振り付けの指導を受けていたときのこと。ひと通り練習が終わった後に、小池先生が「早霧みたいに大きく踊りなさいよ」とみんなの前でおっしゃったのです。

ぶっきらぼうな言い方だったので、最初は「私、怒られているのかな？」と思ったのですが、状況《じょうきょう》を整理するとどうやら褒《ほ》められているらしい、とわかりました。一緒に踊っていたなかには私より上級生もいらっしゃって、みんないかにも宙組男役らしい背が高い方ばかり。そのなかで、小池先生は背の低い私を名指しで褒めてくださったのです。

小柄《こがら》な私が、大きく踊っていると褒められた！

ずっと背が低いことをコンプレックスに感じていたので、そんな自分が認められた気がして飛《と》び跳《は》ねたくなるくらいうれしい気持ちになりました。それと同時に、小池先生の言葉を聞いて、今まで自分がやってきた努力のうち、方向性が間違っているものがあったことにも気づくことができました。

私はそれまでずっと、少しでも大きく見せようと無理をして高いヒールを履《は》いていました。新人公演に出るときは、本公演で同じ役を演じている上級生の衣裳をお借りします。背の高い上級生の衣裳を着るには、いつもヒールは欠かせませんでした。少しの差なら丈《たけ》を詰めて同じ衣裳を着られるけれど、あまりにもサイズが違うと別の衣裳を用意されてしまいます。

衣裳が違うことは組の仲間からも、お客様からもひと目でわかってしまう。「あの子は背が低いから、同じ衣裳を着られなかったんだ」と思われることは、私にはとてもつらいことでした。

同じ衣裳を着たい、少しでも丈を詰めずにすむように……毎回靴《くつ》選びは自分のなかの一大事。靴で調整できるのなんて、１㎝、２㎝の差にすぎないのにとにかく必死でした。

そんな私が、ヒールが高い靴を履くよりも、みんなと同じ靴で大きく動いたほうがよっぽど大きく見えるのだ、とようやく気づけたのです。

こそこそとコンプレックスを隠《かく》して舞台に立つよりも、真正面から受け入れて、堂々としていれば自然と大きく見える。そう意識を変えたことで、自分に自信が持てるようになりました。

新人公演の主演も、上手くできる自信はないけれどやってみよう。お稽古にのぞむモチベーションも変わりました。

そして、宝塚での新人公演が行われた２００６年4月11日——この日は本当に、めちゃくちゃ緊張しました。

新人公演の本番は宝塚と東京で各１回しかありません。稽古場で１００通りお稽古しても、実際にお客様に見せられるのはたった２回だけ。その２回で、自分が練習してきたすべてを出さないといけないのです。

本公演ももちろん、１回１回の公演が大切なことには変わりありません。でも、宝塚と東京でそれぞれ40回近く公演があるので、今日なにか上手くいかなくても明日はもっとがんばろうと気持ちを入れ替えてのぞめるし、初日から千秋楽《せんしゅうらく》に向けて成長していくこともまた経験です。

でも、新人公演は各劇場でたった1回ずつ。そうなると、どうしてもその1回で完璧《かんぺき》なものをお見せしようと必要以上に意気込んでしまい、緊張とやる気とでがんじがらめになってしまったのです。

開演前の舞台袖では、緊張でガチガチの状態。セリフを忘れないか、動きを間違えないか、次から次へと不安が頭をよぎりました。

もうやるしかない！　稽古場でこれ以上できない、ってくらいお稽古をしたんだ。苦手な歌は、たっちんや歌が上手な同期に教えてもらったし、寝ることが大好きな私が睡《すい》眠《みん》時間を削《けず》ってまで練習したんだ。だったら、自分を信じてやってみよう。

そう思って舞台に出たら、不思議と自然にお芝居ができたような気がしました。終わってみると、今の自分のベストが出せたと感じました。

初主演から学んだ、舞台人としての心構え

待望の初主演を終えて、ホッとしたのと同時に、たくさんの課題も見えてきました。舞台の見え方もガラッと変わりました。

音楽学校の頃からさんざん教えられてきた、〝舞台はひとりではできない〟ということをようやく実感したのです。

新人公演の主演に選ばれたとき、たくさんの同期が私をサポートしてくれました。当時研6だった私たちは、新人公演に出演するメンバーのなかで上から2番目の学年。研7の先輩方をサポートしながら、下級生をまとめなければいけない中間管理職のような立場です。本来なら私も下級生の面倒《めんどう》を見なければいけないところ、同期たちが「ちぎはいいから、自分のことに専念してね」と声をかけてくれました。

初主演のプレッシャーに押《お》しつぶされそうな私を見て、私の分まで下級生の世話を買

って出てくれたのです。本当はみんなも本公演と新人公演でいっぱいなのに、私のことまで気づかってくれる。なんてありがたいのだろう。

たくさんの人の支えがあるから、主演は、トップスターは輝けるのだと学びました。トップスターが輝いているのは、もちろんその人自身に魅力《みりょく》があるから。でも、それだけではなくて、一緒に出演する組子《くみこ》*17たちがトップスターへ向ける目線で、より大きく強く見えて輝きが増すのだと、自分が真ん中に立って初めて感じられたのです。

舞台では、衣裳スタッフの方が豪華《ごうか》な衣裳を用意してくれるし、照明も主役を中心に照らしてくれます。実際にトップさんの衣裳を着て、生地や作りが私たちが着ているものとはまったく違うことに驚きました。

さらに、本番で舞台上で浴びたスポットライトのまぶしいことといったら……！　宝塚にはトップスターだけにしか当たらない「トップライト」というものがあるのですが、初めて浴びたときは本当にまぶしくて。舞台上も客席もなにも見えないくらい強い光に照らされるから、立っているだけでも大変でした。

組の仲間やスタッフ、大勢の人がいるからこんなにも輝ける。〝舞台はひとりではで

*17　組子｜各組に所属する生徒のこと。

きない〟という言葉の本当の意味を知りました。

もうひとつ、私のなかで変わったことがありました。それは主演に選ばれた者としての、責任を自覚できたこと。

新人公演の主演は誰もが経験できることではありません。成績がよくても必ずしも選ばれるわけではないし、やりたいと言ってやらせてもらえるものでもない。そのなかで私は奇跡的《きせきてき》なチャンスを手にすることができたのです。

きっと私と同じように、主演をやりたかった人は大勢いるはず。その人たちが、私がサボっているところを見たらどう思うだろう？　投げやりな態度で芝居をしている姿を見たら？

選ばれなかった人の気持ちを考えたら、その人たちの分まで、今ここで学べることを吸収しないといけないのだと心に決めたのです。

ありがたいことに、次の大劇場公演『維新回天《いしんかいてん》・竜馬伝《りょうまでん》！―硬派・坂本竜馬Ⅲ―』[*18]の

＊18　維新回天・竜馬伝！ー硬派・坂本竜馬Ⅲー｜2006年に宙組で上演された、坂本竜馬を題材にした作品。当時の宙組トップスター・貴城けいと、トップ娘役・紫城るいのお披露目であり、退団公演でもあった。作・演出は石田昌也。

新人公演でも再び主演をさせていただくことができました。でも、その次の公演は私ではなく下級生が主演で……主演を二度経験した後だけに負けた気がして、ちょっと悔しかったですね。

でも、冷静に考えると主演以外の役をやることで、主演の見え方が変わります。落ち込みながらも、「この役のほうがおいしい役だ」って無理やり言い聞かせていました。

お芝居のことも、舞台の見え方も、そして舞台人としての心構えも学べた新人公演。お稽古の最中は大変なことばかりでしたが、それ以上に学ぶことの多い7年間でした。

まさかの組替え、新天地での再スタート

新人公演卒業後。2008年6~7月、研8のときに若手の登竜門《とうりゅうもん》と言われる宝塚バウホールで上演された、『殉情《じゅんじょう》』*19でW主演をやらせていただきました。バウホール公演は、新人公演と並ぶ若手スターの活躍の場。1期下の下級生との日替わりでの主演でし

*19　**殉情**｜谷崎潤一郎の『春琴抄』をもとにしたミュージカル。1995年、2002年に絵麻緒ゆう主演で上演された後、2008年に宝塚バウホールで早霧せいな、蓮水ゆうや主演で再演。脚本・演出は石田昌也。

たが、選ばれたことへの責任をますます感じるようになりました。

さらに、翌年2月の中日劇場公演『外伝ベルサイユのばら－アンドレ編－』[*20]では、オスカルとベルナールというメインキャラクターの役替り[*21]をさせていただきました。

順調にステップアップしていたように思っていたとき、再び試練がやってきたのです。

雪組への「組替え」です。

組替えとは、各組のバランスを見て、劇団が生徒を他の組へ異動させること。会社でいう人事異動のようなものです。最初の組配属から退団まで同じ組にい続ける人もいれば、何度も組替えを経験する人もいます。自分の希望で決められるものでもないし、組替えが行われる時期も不定期なので、生徒にとってもファンの方々にとってもサプライズとなるできごと。

実は、私は下級生の頃からずっと、「早霧せいなは組替えする」と言われ続けてきました。背が低い私がいつまでも宙組にいるはずがない、と。

＊20　**外伝ベルサイユのばら－アンドレ編－**｜2009年の宙組中日劇場公演。池田理代子の漫画『ベルサイユのばら』の主要キャラクター、アンドレに焦点をあてて描かれた。主演は大和悠河、陽月華。外伝原案は池田理代子、脚本・演出は植田紳爾。

＊21　**役替り**｜ダブルキャスト、トリプルキャストのこと。ひとつの役を複数名が交替で演じる。

周囲からそういう目で見られていることを知っていたので、私自身、いつか組替えするだろうなという予感はありました。でもそれが、新人公演も主演して、入団8年目にもなって、まさかもうないだろうな、と思っていたタイミングで決まったのです。

最初に告げられたときは寂《さび》しくて……油断していたし、宙組にとても愛着があったので、受け入れがたい気持ちでした。

かつては「背が低いから、宙組にいると浮くのが嫌だな」なんて思っていた時期もありました。でも、小池先生にいただいた言葉でコンプレックスとも向き合えるようになったし、地元の友人が観に来てくれたときに「小さいから見つけやすい!」と言われたときなんて、むしろうれしかったくらい。少しずつ、宙組にいる自分に意味が見いだせるようになっていた矢先です。

なにより、ずっと一緒に過ごしてきた組のみんなと別れるのがつらくてしょうがなかった。同期も上級生も下級生も、家族のような存在になっていました。温かいわが家から、私だけ急にポイッと旅に出されるような気がして、めちゃくちゃ寂しかったことを覚えています。

組替えは、新しい場所でイチからやり直せるチャンスでもあります。また、そこには劇団のさまざまな配慮《はいりょ》が働いていて、ベストな宝塚歌劇団を目指すために必要だからこその人事です。でも、そのときの私はとてもそんなふうに前向きに考えることはできませんでした。

同じ宝塚といっても、組によって雰囲気《ふんいき》は違うもの。組の伝統も違えばトップさんや組をまとめる組長さんによっても雰囲気が変わります。

雪組にはどんな人たちがいるのだろう？　お稽古はどんなふうに進めるのかな？

雪組に組替えしたばかりの頃は、人見知りを発揮してしまって……。さすがに大人だから緊張して誰とも話せない、なんてことはありませんでしたが、実は組になじめるまで1年近くかかってしまいました。

私が雪組に組替えになった後にも、何人か近い学年の子が組替えで雪組に来たのですが、みんなすんなりとなじめていて。「なんでそんなに早くなじめるの!?」とうらやましがってしまったほど。今ではそんなこと信じられないくらい、雪組のみんなとは仲良しですが（笑）。

組替えした私を待っていたのは、宙組にいたとき以上の競争の場でした。

当時、雪組には同期の沙央《さおう》くらま*22（愛称：コマ）がいました。コマと私は芸風は違うものの、背格好も似ていて音楽学校時代には周りに間違われたほど。

組替え後は私とコマと、近い学年の上級生と数人で同じ場面に出されることが多く、「うわ〜なんか私、コマや上級生と競わされてるみたい!?」と、よく感じていました。今与《あた》えられている課題を乗り越えないと、今後の雪組での立ち位置も変わってくるのだろうな、と。チャンスでもあったけれど、きつい時期でもありました。

でも、意外かもしれませんがコマや上級生との関係が悪くなることもありませんでした。たとえ私のほうがいい役をもらうことがあっても、誰ひとり態度を変えることはありませんでした。一緒に過ごすなかで「なんて素敵《すてき》な人たちなんだろう！」と感じることも多く、自分も真っ向から勝負したいと常に思っていました。

＊22　沙央くらま｜女優。元専科男役。2001年に87期生として宝塚歌劇団に入団、雪組に配属される。2013年に月組へ組替え、翌年専科に組替えしさまざまな組の舞台に出演。2018年退団。

音楽学校時代も、入団してからも、宝塚は常に人と比べられる環境《かんきょう》です。同期や上級生、下級生とだってそう。自分のレベルを知るために、必要なものを知るために他人と比べる。雪組に組替えになった研8の終わりから研11頃まで、自分とも周りとも闘《たたか》いながら過ごしてきました。

そして2011年。音月桂《おとづきけい》さん[*23]がトップスターになった大劇場公演『ロミオとジュリエット』[*24]から、2番手を務めることになるのです。

＊23　音月桂｜女優。元雪組トップスター。1998年に84期生として宝塚歌劇団に入団、雪組に配属される。2010年に雪組トップスターに就任、2012年退団。

＊24　ロミオとジュリエット｜ウィリアム・シェイクスピアの戯曲をもとにした、フランスミュージカルの宝塚版。2010年に星組の柚希礼音＆夢咲ねね主演で初演された後、雪組、月組、星組で再演されたほか外部でも上演されている。潤色・演出は小池修一郎。

第3章

唯一無二のトップスターを目指して

WORLDLY WISDOM
FOR 14 YEARS OLD

〝キラキラしたステージ〟の裏側で

私が宝塚雪組でトップスターに就任したのは、2014年。入団から14年目のことでした。

トップスターは、誰《だれ》もがなれるわけではない特別なポジションです。上演する作品の主演はもちろん、組の顔として公演以外でもさまざまな活動を行い、テレビや雑誌などのメディアに登場する機会も多くなります。

みなさんの目には、トップにまで上《のぼ》り詰《つ》めた私は恵《めぐ》まれた宝塚人生と映るかもしれません。私自身もその運と縁《えん》にとても感謝をしています。一方で、順風満帆《じゅんぷうまんぱん》に見えたであろうその裏側で、相変わらず私なりにいろいろなことに迷い、つまずき、もがいていたことも確かでした。

慣れ親しんだ宙《そら》組から雪組への組替《くみが》え、くすぶっていた2番手時代の悩《なや》み。渦中《かちゅう》にいたときは予想外のできごとが起こるたびに一喜《いっき》一憂《いちゆう》し、コンプレックスと向き合い、いろいろなところにぶつかりながら自分が納得する答えを探し続けていました。

特に、これからお話しする2番手時代からトップスター就任までの約3年間は、気持ちの上ではこれまで以上に青あざだらけ。キラキラしたスターのイメージとは真逆ですよね（笑）。でも、今振《ふ》り返《かえ》ると、この頃《ころ》もがき続けたからこそ、自分のなかで目指すべきトップスター像を固めることができ、トップ就任後も燃《も》え尽《つ》きることなくクリアすべき課題を見つけ続けることができたように思います。

この章では、2番手時代からトップスターになる過程で経験したさまざまなできごとを振り返るなかで、そのときどきで考えていたこと、それをどうやって行動に移していたかをお話ししたいと思います。

〝覚悟《かくご》〟がなかったから、くすぶっていた2番手時代

どんな作品であれ、大劇場公演で演じられる舞台《ぶたい》で主役を張るのは常にトップスター、というのは、宝塚ならではの特徴《とくちょう》のひとつです。

でも、もちろんステージは主役だけでは成り立ちません。物語には主人公以外にも個性的なキャラクターたちが大勢登場し、その脇役《わきやく》たち一人ひとりがしっかり際立ってこそ、トップスターが演じる主人公のヒーロー的な魅力《みりょく》がより輝《かがや》きます。

特にひと癖《くせ》ある、いわゆる〝おいしい〟役どころが回ってくることが多いのが、トップスターに続く2番手というポジション。2番手が演じる役柄《やくがら》は、主人公を陥《おとしい》れるクールな悪役だったり、手助けするひょうきんな親友だったりと作品ごとにガラリと変わります。

そこに、私はトップとはまた違《ちが》った自由さを感じ、長年憧《あこが》れ続けてきました。

そんな私が雪組で2番手を務めることになったのは、2011年。トップスターは音《おと》月桂《づきけい》さんでした。

憧れだった2番手。でも、いざその任を受けてみると、理想としていた2番手像と自分ができることのギャップを否応《いやおう》なしに感じてしまい、「こんなの違う！」と落《お》ち込《こ》んでしまうこともしばしばありました。

率直に言うと、私が演じる役はいつもどこか薄《うす》っぺらく感じてしまっていたのです。悪役も、コミカルな役も、演じる役者自身に人間臭《くさ》さがあって初めてキャラクターに厚みが出て、魅力的に見せることができます。でも、私が演じるキャラクターには圧倒《あっとう》的《てき》になにかが足りない……。それって、私自身に魅力がないということにほかならないのでは？

こんなに力不足の私が2番手では、トップの音月さんは安心できるわけがない。ご迷《めい》惑《わく》をかけてしまっているに違いない……。2番手当時の私は、常に不安でいっぱいでした。

そんなこと、自分ひとりで悩んでいても答えが出るわけありません。直接ご本人に聞いたり、それこそ2番手時代を経験している音月さんにどうすればいいかアドバイスをもらったりするべきなのですが、当時の私は、トップさんに対して遠慮《えんりょ》して、勝手に壁《かべ》を作ってしまっていたように思います。

「こういうやり方を試《ため》してみたいな。でもトップさんがどうしたいかが一番だし、やめておこう」「わからないことがあるけど、でもお忙《いそが》しいトップさんには聞けない。自分で解決しよう……」と、聞きたいこと、伝えたいことがあっても8割だけ口にして、残りの2割は飲み込んでしまうようなコミュニケーションをとってしまっていました。

自分らしくいられない。

トップさんの気持ちを勝手に先回りして考えて、自分の行動にブレーキをかけて。本当にバカだったな、と思います。

音月さんは、いつも私に「ちぎらしくして」と言い続けてくださった方です。私はそんな相手に気を遣《つか》っているつもりで、本当はただ本音で関わることが怖《こわ》かっただけだったように思います。

「こんなこと言って、否定されるんじゃないか。だったら黙《だま》っていよう」という臆病《おくびょう》な気持ちを、遠慮、という都合のいい言い訳に逃《に》げてしまっていた。今なら当時の自分に「礼儀《れいぎ》をもって接していれば、作品をよりよくするために自分の考えを伝えることが、失礼なはずないでしょう！」と、アドバイスできますが……。

後述しますが、当時の私に足りなかったのは、〝覚悟〟です。自分はなんのためにそこにいるのか。なんのためにこんなに練習して、こんなに悩んでいるのか。その根本をまったくわかっていなかったし、わかろうとしていなかった。だから、ちょっとした壁にぶつかるたびに、身動きがとれなくなってしまっていたんですね。なんのためかを考えれば、やるべきことはおのずと見えてくるのに。

私なりに全力投球していた2番手時代。でも、いつもなにか喉《のど》につかえたような居心地の悪さを感じ続けてしまっていた時期でもありました。

「トップスターになりたい」と言えないのはなぜ？

そんなくすぶっていた私に、覚悟を決めなければいけないときが訪れます。

音月さんの退団発表があった後のこと。トップの退団後は、順当にいけばその組の2番手が次期トップになることが多いのです。このとき、私も心のどこかで雪組の次のトップとして指名されることを期待していました。

でも、フタを開けてみたら——。雪組トップとして就任するのは、花組から組替えでやって来られる壮一帆《そうかずほ》＊1さんということが発表されたのです。

壮さんは私よりも5学年上の上級生。トップスターにふさわしいキャリアも、十分な実力もお持ちの方で、壮さんの組替えトップ就任は納得の人事でした。壮さんがトップに決定された発表があったとき、周囲から見ると私はクールな受け止め方をしているように見えたかもしれません。でも、正直、心のなかでは激しく落ち込んでいました。もちろん、壮さんは私にないものをたくさんお持ちですし、そのときの自分がトップになる器《うつわ》ではないことは自分自身が一番わかっていたのですが……。

「トップスターになりたい」

その夢は、多くのタカラジェンヌが口に出さなくとも思っていることですし、14歳《さい》以来、宝塚ひと筋でここまできている私にとっても、密《ひそ》かな夢でした。

でも、その夢が私のなかでだいぶ大きくなりすぎてしまっていたように思います。

＊1　壮一帆｜女優。元雪組トップスター。1996年に82期生として宝塚歌劇団に入団、花組に配属される。雪組、花組への組替えを経て、2012年に雪組トップスターに就任、2014年に退団。

「夢はトップスター」なんて、とても軽々しく口にできない。宝塚に出会ってから今日まで、家族にも友人にも、同期の仲間にも、誰にもその想《おも》いを伝えたことはありませんでした。密かにそんな野心を抱《いだ》いていたことは、実はこの本を出すことになった今、初めて打ち明けています。

誰にも言えない大切な、大切な夢。そのまま大事に温めておけば、もしもダメだったときに傷つくこともありません。

それに、私にとってはこうして宝塚に入れたこと、憧れだったステージに立ち、男役を演じられていることだけで、どこか満足していたのも確かでした。

トップになるだけがすべてではないから。私は男役がやりたくて入ったのだから。

こんなふうに言い聞かせて、トップになれないかもしれない自分自身に逃げ道を与《あた》えていました。なのに、いざトップスターになれないことがわかったとき、落ち込んでいる自分がいます。それはどうしてだろう。

考えて考えて……たどり着いた答えは、私は決して自分だけの力でここまできたわけではないからだ、ということでした。

宝塚を目指すという、人から見ると無茶な挑戦《ちょうせん》を始めた私を、好きなようにやらせてくれた家族、応援《おうえん》してくれた友人、一緒《いっしょ》に支え合って乗《の》り越《こ》えてきた同期のみんな。一方で私と同じように宝塚音楽学校を受験し、合格に至らなかった人もいる。そして今はなによりも、「早霧せいな」を応援してくださっているファンの方々がいます。

直接的にも間接的にも、ここまで私に関わってくれたみなさんの気持ちを無視して、自分だけの勝手な想いでこのまま劇団に在籍《ざいせき》し続けて、卒業は迎《むか》えられない。それでは申し訳が立たない。

そう考えたとき、初めて本当の覚悟が決まったように思います。

私は宝塚の舞台が好き。だからひとりでも多くのお客様に生《なま》の舞台を観《み》に来ていただき、心から楽しんでもらえるステージを演じたい。そのために、まずは早霧せいなを応援してくれるみんなの期待に応《こた》えたい。

そのことに気づいた瞬間《しゅんかん》、「どうしてもトップにならなきゃ、トップになりたい」という想いが自然に湧《わ》き上《あ》がってきました。やるべきことが、スッと見えてきたのです。

それまでの私は、自分の心のなかばかりに答えを探し続けてしまっていました。でも一度、「自分が、自分が」という枠《わく》から離《はな》れて、自分自身のことを俯瞰《ふかん》してみたら、ごく自然に探していたものが見つかったのです。

みなさんも、もしもこの先どうしていいかわからず迷うことがあったら、ちょっと視点を変えてみてほしいです。悩みがあると、どうしても自分のことだけを考えてしまうと思います。堂々めぐりをしていると思ったら、「そもそも私はなんのために悩んでいるんだっけ？」という根本を考えてみてください。かつての私のように、それまで思い至らなかった本当に大事なものが意外なところに見えてくるかもしれません。

勇気を出して、心の重石《おもし》と向き合う

目標が見つかったら、それに向かって努力するのみ！

私の長所は、壁にぶつかったとき一度思いっきり落ち込んだら、その後は問題を分析《ぶんせき》して、目的を達成するためにやるべき課題を見つけて一つひとつ解決していくモードに切り替えができること。

トップスターになるための覚悟が足りなかった理由を自分のなかに探してみたとき、自信のなさ、が原因だということに思い至りました。じゃあどうして自信が持てないのか。もちろん、至らない点はいろいろありますが、ひとつはっきり心あたりがあるのが技術的な弱点でした。

そう、歌です。

歌は、予科生時代から本当にずっと、ずっと目を背《そむ》け続けてしまった私の大弱点です。踊《おど》りは、昔から体を動かすことが好きだったので、もともとバレエを習っていなかったというハンデを含《ふく》めても、練習すればするほど上達していくという実感を持てていました。一度ではできない踊りも、100回練習すればできるはず、と解決の道筋がちゃんと見えていた。だからこそ、予科生時代にＤ課外に配属されてしまったときも、落ち込むよりも、ポジティブに捉《とら》えて取り組むことができました。

でも、歌にはその感覚が持てなかったのです。自分ができていないことはわかっている。ただどうすればいいのか、解決方法がわからない、だから努力ができない――。負のループです。このままじゃまずいぞ、という焦《あせ》りはあったのですが、八方ふさがりなこの問題から、目を背け続けてしまったんですね。

歌が苦手なことは見抜《みぬ》かれているので、若手のうちはもちろんソロももらえません。自分でもなるべく歌いたくないから、歌のない役のほうが好きでした。

でも、2番手以上の立場になると、そうは言っていられません。ひとつのステージ中、最低1曲はソロ曲があります。否応なしに、自分の実力不足、そしてこれまで歌から逃げ続けてきたことへのツケと正面から対峙《たいじ》しなければならなくなりました。

はっきり言ってしまうと、ステージ上で恥《はじ》をかくのです。お客様がどう思っていらっしゃるかは客席から伝わってきますし、公演後、厳しいお言葉をいただくこともある。

さらに苦しかったのは、自分よりも歌が上手《うま》い人が歌わずに自分にソロがあることへの負い目でした。

そんな状況《じょうきょう》に直面するたび、つらいからと言ってこの問題にフタをして、見ないふりをしてしまえばとりあえず今は楽になります。でも、目を逸《そ》らし続けていても、それが確かに心にずっしりと重石のようにあることを感じるのです。


私はこれまでなにをやってきたんだろう、どうしてもっと歌を練習してこなかったんだろう。

今さら悔《く》やんでも、どうにもなりません。もっと早く、歌の問題に対処していればここまでの思いをしないですんだはず。でも後悔しても時間は決して戻《もど》りません。

いつだって、どんなに苦しかったとしても、イマ・ココから最善手を打っていくしか方法はない。……なんていう正論も、だいぶ時間が経《た》った今だからこそ言えることですが。


歌をなんとかしなければ。

切実な悩みへの突破口《とっぱこう》は、思いもしなかったところから訪れました。

当時、宙組の下級生で、たまに廊下《ろうか》ですれ違ったりすると「最近どうしてるの？」なんて近況《きんきょう》報告をし合う間柄《あいだがら》の子がいました。4期下の91期生の藤咲《ふじさき》えりさん[*2]です。

あるときえりと話をしていて、なにがきっかけだったかは忘れてしまいましたが、私はぽろっと「歌がさ……」と口にしました。

それまで、いろいろな話をしていても、えりに対して歌への悩みを打ち明けたことはありませんでした。それが、2番手でくすぶっていた当時、ごく自然に当時の自分最大の悩みを口にしてしまった。今思うと、トップスターになりたい覚悟が固まったからこそ、なんとかしなければという切実な気持ちが自然とあふれた瞬間だったのかもしれません。

すると彼女《かのじょ》が「熱心に指導してくださる先生がいますよ」と紹介《しょうかい》してくれたのが、有《あり》紗《さ》ゆり先生でした。

実は有紗先生のことは、私も以前からいろいろと噂《うわさ》を聞いて知っていました。でも、

＊2　**藤咲えり**｜元宙組娘役。2005年に91期生として宝塚歌劇団に入団、宙組に配属される。2012年に退団。

なにせ私は歌に対してコンプレックスの塊《かたまり》。「どうせどんな先生に習っても一緒だし」「どうせできない私にはそれなりにしか接してくれないだろうし」。「どうせ」「どうせ」といじけて、せっかくそのときどきで示されていた光から目を逸らしてしまっていたのです。

でも、このときの私はそんなふうにいじけている余裕《よゆう》もない。一縷《いちる》の望みをかけて、有紗先生の個人レッスンを受けてみることにしました。

そうしたら、先生のやり方が私にとても合っていたのです。歌が苦手な私にも、できるまで何度も納得がいくまで教えてくださる。宝塚OGの方なので、お芝居《しばい》の相談にものってくださって、「こういう役だからこういう歌い方をしたいんですが」とうかがえば、「じゃあこうしたらいいんじゃない？」と提案もしてくださる先生でした。

有紗先生との出会いで、目から鱗《うろこ》が落ちたことはたくさんありました。

歌はセンスだから才能のない自分には無理だもんね、と思い込んでいた私にとって、ダンスと同じようにコツコツやればやるだけできるようになる、ということがわかったことは、まさに革命的なできごと。

ずっと闇雲《やみくも》にもがいていたからこそ、どの方向に向かって努力するべきかのとっかかりが見えたこと自体が、大きな大きな自信になったのです。

それまでは胸にずっしりと重い石がつかえているようで、しかもその重みは年々増す一方でした。

歌に対するコンプレックス。その問題から目を背けてしまっているという罪悪感。どんなに素敵《すてき》なことがあっても次の瞬間、その重い重い石のことを思い出してしまって、心から楽しめていなかったように思います。

それが、勇気を出してやっとその重石を取り除こうと正面から向き合った結果、有紗先生の歌のレッスンに行くたびにハッピーな気持ちで帰れるようになったんです！　そのことがなによりもうれしかった。

もちろん、決して、魔法《まほう》みたいに一気に歌が上手くなったわけじゃないんですよ。でも、やるべきことが見えただけで、こんなに世界は違って見えるのだ、ということは本当に驚《おどろ》きでした。

たとえ自分には無理と思っていても、まずは一歩を踏《ふ》み出《だ》してみることって本当に大切なんだなと思い知ったできごとでした。

しかも、これが予科生時代とかじゃなく、2番手時代のお話なのだから。本当に、遅《おそ》いですよね。

私が目指すトップスター像って？

壮さんの退団が発表され、しばらくのちに理事長室に呼ばれて雪組次期トップスターとなる内示をいただきました。

退団発表から次期トップスターの内示までは少し期間が空くので、この期間「ドキドキしますよね？」と聞かれることもありましたが、実は、本当に緊張《きんちょう》して過ごしていたのは、前回、音月さんが退団を発表された後。今思えば当時ドキドキして不安だったのは、自分のなかでの覚悟が決まっていなかったからかもしれません。

このときの私は、気持ちの上での準備はすでにできていました。
実際に理事長室で「次のトップはあなたです」と伝えられて感じたことは、喜びよりも気合い！　身が引《ひ》き締《し》まる思いでした。

どんなトップになるべきか。どんな組にしていきたいか。トップのあり方によって、組のカラーはガラッと変わります。まず考えたのは、組の雰囲気《ふんいき》についてでした。私が2番手の立場から見てきた2人のトップ、音月さん、壮さんは常に明るく組を率いていらっしゃいました。お2人の前向きな姿勢に憧れましたし、実際に組のムードもとても活気がありました。私も自分が率いていくからには、やっぱりみんなが輝ける、活気のある組にしていきたい。

その組に活気があるかどうかは組の外から見るとよくわかりますが、いざ自分の組がどうかは、なかにいるとなかなかわかりづらい。でも、「今、この組にいてよかったな」って思ってくれる人がいっぱいいれば、その組には絶対に活気があるはず。みんなにそう思ってもらえるような環境《かんきょう》を作ろう。雪組生としての誇《ほこ》りを持ってもらおう。研1生から私より上級生まで全員が、その人らしく、輝ける場所にしたい。みんなが居心地がよく、切磋《せっさ》琢磨《たくま》できる組。

そして、その組で理想の舞台を実現するために、トップである自分がどう動くべきかを考えました。

2番手時代にトップになる覚悟を決めたとき、タカラジェンヌとしての私の大テーマは、お客様に喜んでもらう舞台を作っていくこと、そしてひとりでも多くのお客様に生の舞台を観に来ていただくことだと再確認しました。

トップになった自分なりに、それを実現していくために、どんな組を目指すべきかを考えた結果、「私ひとりでなんとかしようとするのではなく、みんなで協力できる組にしよう」という答えを出しました。

私には、技術面・精神面を含めて、至らないところがいろいろある。できないこと、頼《たよ》りないこともたくさんある。それを自分ひとりで抱《かか》え込《こ》んでかっこつけているだけじや、なにも問題解決できないまま公演の初日が来てしまいます。お客様にそんな情けない舞台をお見せするわけにはいきません。

ひとりよがりにならず、できないことはちゃんと認めて、得意な人にどんどん任せようと決めました。

上級生や同期にはいろいろな相談を持《も》ち掛《か》けますし、下級生にも聞きます。もちろん、私とコンビを組むトップ娘役の咲妃《さきひ》みゆさん*3にも、2番手となった望海《のぞみ》風斗《ふうと》*4さんにも。

自分ひとりでは組は成り立たない、ということを常に頭に置いて、周りの人に積極的に頼っていこうというやり方です。

たとえば、『るろうに剣心《けんしん》』の稽古《けいこ》中、自分よりもキャラクターのことをよく知っている原作ファンの下級生がいました。その子に私が演じる緋村《ひむら》剣心の役の解釈《かいしゃく》を聞いてもらったり、その子の意見を演出の小池修一郎《こいけしゅういちろう》先生に私から伝えたりしました。下級生の子が小池先生に直接意見をするのはなかなか勇気がいるし、通りにくいかもしれない。

＊3　咲妃みゆ｜女優・歌手。元雪組トップ娘役。2010年に96期生として宝塚歌劇団に入団。月組に配属された後、2014年雪組に組替え。同年、早霧の相手役としてトップ娘役に就任。2017年に『幕末太陽傳／Dramatic “S”!』を最後に、早霧とともに宝塚を退団した。

＊4　望海風斗｜2003年、89期生として宝塚歌劇団に入団。花組に配属された後、2014年雪組へ組替え。2017年7月24日より早霧の後を引き継ぎ、雪組トップスターに就任。

でも、私が言うと聞いてもらえる確率が高くなる。
少しでもいい舞台にするためには、上級生・下級生関係なく、意見はどんどん取り入れていくべきですよね。

組を、そういう風通しがいい状態にするためには、日頃のコミュニケーションが重要です。

でも、トップになるといろいろなことが一気にものすごく忙しくなってしまって、それまでのように組子のみんなとゆっくり話をする時間がとれなかったりします。

逆に、かつての私がそうだったように、組子のみんなは常にトップを見ているし、「今日、顔色悪くないですか？」「元気ですか？」といろいろな声をかけてもらって、気にかけてもらう立場になってしまう。みんなの世話を焼こうにも、逆に焼かれてしまうんです。

私は、むしろその立場を逆手にとろうと思いました。

疲《つか》れているときには変に隠《かく》そうとしないで、「ああー！」って思いっきり伸《の》びをしたり、「みんなと同じように私もがんばっているよ」ということを、表に出すようにしていました。そんなことを廊下でやっていると、肩《かた》をマッサージしてくれる子がいたりして、そのときにちょっと話をするのです。

1対1で、あらたまってゆっくり話す時間はとれなくても、そういうちょっとしたコミュニケーションだけでも、「この子はこういう考えを持っているんだ」という、たくさんの発見や驚きがありました。

いよいよ初日まで時間がなくなってきても、廊下ですれ違いざまに「髪《かみ》の毛切ったね」「そのアクセサリーかわいいね」とか、気づいたことを口にするだけでも、コミュニケーションになる。私から元気よく挨拶《あいさつ》したら、「あ、トップさん今日元気なんだな」って思ってもらえるので、組のみんなを変に心配させてしまうこともありません。

結果、自分のその組での居心地がよくなり、お稽古に集中できるようになる。それって、結局自分のためだということにも気づいたのです。

最終目標は、なによりもひとりでも多くのお客様に喜んでもらえる舞台を作り上げること。そのためにはみんなと協力することが必要で、コミュニケーションが必要で……。目標がどんなに大きくても、そうやって課題を分析して、一つひとつ解決していくしか方法はないんですね。

相手とガチンコで向き合った3年間

組子たちとのコミュニケーションのなかでも特に重要なのが、トップ娘役との関係です。これは宝塚ならではのことかもしれませんが、トップコンビの関係性は組全体にさまざまな影響《えいきょう》を及《およ》ぼします。私とコンビになったのは、月組からの組替えで雪組に配属された咲妃みゆさん（愛称《あいしょう》：ゆうみ）。ゆうみちゃんとは、トップ在任中の約3年間、本当にガチンコで向き合いました。私より10歳近くも年下なのに。

彼女とは、私がトップスターに内定してコンビを組むとわかった最初の日に、どういうコンビにしたいかを話し合いました。

私は、「私たちが互《たが》いに見つめ合っている〝2人だけの世界〟をみんなに見せるのではなく、2人が同じようにお客様の方向を見ていて、組子のみんなも私たちの隣《となり》に並んでいる、そんな組にしたい」という希望を伝えました。

それからなにがあっても、絶対にコミュニケーションを取り続けようと約束しました。

実際、3年間のコンビ生活のなかでは、いろいろな危機があったのです。でも、対立したときはきちんと怒《おこ》っていることを伝えたり、逆に相手が怒っているなと感じたら素《す》直《なお》に反省して謝《あやま》ったり。

そんな私たちのガチンコ対決を、組子のみんながレフリーのように冷静に見守りながら、ときに2人の間の潤滑油《じゅんかつゆ》にもなってくれていました。

でも、最初は本当によそよそしい2人だったんですよ。ゆうみちゃんは私がトップスターに決まる少し前に組替えで雪組に来たので、ほとんど初めましての間柄。みなさんも新しいクラスメイトと、すぐには本音でなんか話せないですよね。お互い遠慮してしまっていたのですが、でも毎日一緒にいると、だんだんそんなことしてる場合じゃなくなってくるのです。家族のように、長所も短所もお互いに知りすぎてしまって。

昨日は「ゆうみちゃんのこういうところが、私にはない長所だな」と思っていたのに、些細《ささい》なことがきっかけで、今日はなんだかそこにカチンときてしまったり。でも、やっぱり舞台の上で一番支えてくれるのは、ほかでもないゆうみちゃんでした。公演中に私のアクセサリーが飛んでいってしまったときなんか、死にもの狂《ぐる》いで拾いにいってくれたこともありました。ヒロインなのに!

ちょっと困っているそぶりを見せると、すぐに察してそっと助けてくれる。人としても、舞台人としても本当に尊敬できる相手。この人には勝てないなと思います。なくてはならない人とコンビを組ませてもらって、本当に感謝しています。

そして、望海風斗さん(愛称:だいもん)は、本当に最高の2番手として私を立ててくれました。私自身はだいもんと同じ立場だった頃、上手く立ち回れなかった後悔《こうかい》が少しあるので、「だいもんみたいにできればよかったのに!」と、密かに嫉妬《しっと》したくらい

（笑）。すごく居心地よくさせてくれるのに、遠慮はしない。私がなにか相談すると、必ず一緒に考えてくれたし、私ができないことをしっかりサポートしてくれました。きっと見えないところでもいろいろ私のために動いてくれていたんだろうな、と思います。ゆうみちゃん、だいもんをはじめ、信頼《しんらい》できる組子のみんなに恵まれたことは本当に幸せなことでした。

自分自身の可能性を決めつけない

少し時計の針を戻し、私のトップスターとしてのお披露目《ひろめ》公演の際のことをお話ししたいと思います。

お披露目公演の演目は『ルパン三世－王妃の首飾りを追え！－』。あのアニメでもおなじみの大泥棒《おおどろぼう》ルパン三世です。

正直に言います。実はこの演目を最初に聞いたとき、「終わった……」とかなりショックを受けてしまいました。

もちろん、『ルパン三世』のアニメは昔から観ていましたし、私自身大好きな作品です。でも、このときの私は「なんでもっと宝塚らしい作品じゃないんだよ～！」って、思ってしまったのですね。

お披露目公演といえば、そのトップスターのもとでの組のカラーを決定づける重要な公演です。お客様の入り具合も組の人気を印象づけるバロメーターになります。

私がトップスターに就任した当時のお披露目公演の主流は、一本物の大作ミュージカル。それこそ『ロミオとジュリエット』などの、いかにも宝塚！という作品を演じることが多かったです。そのなかでトップスターが演じるのは、どストレートな二枚目役。

なのに私が演じるのは……ルパン三世！

なによりこれまで応援してくれたファンの方がショックだろうな……と、正直かなり落ち込みました。

でも、いざ演目と配役が発表になったら、みなさんの反応がめちゃくちゃよかったのです！

私が勝手に宝塚ファンのイメージを固定してしまっていて、宝塚ファンと『ルパン三世』のファンを結びつけられていなかったことを思い知りました。保守的だったのは私だけ。新しいことにどんどんチャレンジしていこう、という劇団の意向も、それを柔軟《じゅうなん》に受け止め、楽しもうとするファンの姿勢も私のなかに欠けていたことを大いに反省しました。

もうひとつ。お披露目公演は『ルパン三世』のお芝居とショー『ファンシー・ガイ！』[*5]の2本立てでした。

私はどちらかというとショーよりもお芝居が好きだったのですが、ある方に「ショーで輝くのも早霧せいなっぽいよね」と言っていただいたことを思い出したのです。お芝居することが一番好きだった私にとって、当時、この評価は少し意外なものだったのですが……。早霧せいなは芝居とショーの2本立てでお披露目したほうが、雪組が勢いに乗るとプロデューサーが考えてくださっての演目だったのだ、と思い至りました。

たくさんのスタッフがお披露目公演のためにおぜん立てをしてくれて、たくさんのフ

＊5　ファンシー・ガイ！｜2015年の雪組公演『ルパン三世ー王妃の首飾りを追え！ー』の併演作品として上演されたショー。作・演出は三木章雄。

ァンが新しいチャレンジに期待を寄せてくださっている舞台。

ここで自分が乗らなきゃどうするんだ！

雪組トップスターとして5作品大劇場公演をやらせていただきましたが、今振り返っても、ブレイクポイントはこのとき。お披露目公演の『ルパン三世』が、トップとしてのステージへ向かう姿勢を決定づけてくれたように思います。

宝塚の顔としてひとりでも多くの方に舞台を観に来ていただきたい。そのためにしなくてはいけないことを一つひとつ確実にやっていこう。

公演前は100％の気合いと覚悟でお稽古にのぞみ、その結果、舞台は大成功。公演中は多くの好評をいただくことができました。

うれしかったのが、男性トイレにも列ができたと聞いたとき。これまで宝塚を知らなかった人たちの耳にも届いて観に来てくれたのだな、ということをちょっと意外なところから感じることができました。ひとりでも多くの人に舞台を観に来てほしいという私の目標が、実現したのです。

でも、本当に大変なのは、公演終了後《しゅうりょうご》です。大成功だった舞台の後を尻《しり》すぼみにするわけにはいきません。以降は、公演ごとにそのプレッシャーを常に感じることになりました。

公演成功かどうかの判断のひとつに客席の入り100％超《ご》え、ということはよく言われますが、それはあくまで劇団としての指標。それよりも私が公演ごとに意識していたのは「『ルパン三世』よりも面白くしなきゃ」ということでした。

作品ごとに、面白いか面白くないかは自分自身が一番よくわかります。自分のなかでその目安となる作品が最初にできたことは大変でもありましたが、本当に恵まれていたな、と思います。最初はあんなにショックを受けていたのに（笑）。

みなさんも、「自分はこういう人間だから、これはやりたくないなあ」と思うことがあるかもしれません。人からなにか頼まれごとをしたとき、新しいことに挑戦するか悩んでいるとき。たとえそれが自分のイメージ通りではなかったとしても、それに乗ってみると意外に楽しいものですし、そこから想像もしなかった新しい自分に出会える可能性もあるのです！

早霧せいな流、役との向き合い方

退団した今でもそうですが、『ルパン三世』に限らず、原作のある作品を演じるときは、一ファンとして作品に最初に触《ふ》れた感覚を大切にするようにしています。仕事だから！と変に気合いを入れて読み込んでしまうと、作品の魅力や愛されている理由などを見失ってしまうからです。

でも、ただ「ああ、面白かった。おしまい！」ではダメで、読後は一ファンから一歩踏み出して、どこが面白かったのかを分析します。気づいた点は、絶対、公演が終わるまで自分のなかに残しておきます（作品によっては、あえて一度忘れるようにしたりすることもあります）。

そしてその面白いと感じたことを、舞台で演じる際、どう取り入れていけばいいのかを考えます。

役への入り方は、まずはビジュアル作りを重視していました。なによりも自分自身が鏡を見たときに「え？　これがルパン三世？」「これが剣心？」と思ってしまうと一番萎《な》えてしまうからです。

見た目でいうと、特に重要なのは眉毛《まゆげ》だと思っています。そして「私はルパン三世だ」「剣心なんだ」って思えたところで、役作りがスタートするのです。

次は歩き方です。この役ならこういう歩き方をするな、というのが見えたときが、私のなかで役をつかんだ瞬間。『ルパン三世』だったら、ルパンの小気味よい動きは絶対取り入れたい。それから、「不～二子《ふじこ》ちゃ～ん」という、例のセリフがありますよね。あれは、もうアニメの印象がとても大きいと思うので、脚本《きゃくほん》にあのセリフがあったら少しでもそのテイストを入れようと考えていました。

『るろうに剣心』は、一番最初に原作漫画《まんが》を読んだとき、普段《ふだん》の剣心と戦闘《せんとう》モードの剣心の表情や雰囲気のギャップが印象に残りました。普段のくりっとしたたれ目と、逆刃《さかば》刀《とう》を手にし、敵と対峙したときの鋭《するど》い目のギャップ。普段のほわっと力の抜《ぬ》けたなで肩の感じと戦っているときの前のめりの姿勢のギャップも面白い。

強い曲の後にふっと肩の力を抜くだけで、剣心っぽさが出るんじゃないか。そんなちょっとした動きから剣心の役に入っていきました。

私がトップ時代に演じた作品のなかでも、『ルパン三世』『るろうに剣心』を代表作に挙げてくださる方は多く、早霧せいなは漫画やアニメのキャラクターを演じることが得意なトップスター、と認識《にんしき》してくださっているかもしれません。

一般《いっぱん》の舞台でも、最近はいわゆる2・5次元舞台[*6]が、とても人気がありますよね。でも、実は宝塚は『ベルサイユのばら』という2・5次元の原点ともいうべき作品を45年前（2019年現在）から上演してきた劇団。

偉大《いだい》な先輩方《せんぱいがた》がしっかりとした下地を作ってくださったからこそ、その強みを大いに利用させていただくことができたのだと思います。

＊6　**2.5次元舞台**｜漫画やアニメ、ゲームといった「2次元」と呼ばれる作品を原作・原案にした舞台作品のこと。

GUIDE

WORLD OF TAKARAZUKA REVUE

宝塚の世界をのぞいてみよう!

華《はな》やかな宝塚歌劇の世界。
どんな作品を上演しているのでしょうか？
劇場はどんなところなのでしょうか？
早霧さんのナビゲートのもと、
見ていきましょう。

撮影協力／東京宝塚劇場

WORLD OF TAKARAZUKA REVUE

どんな作品があるの？

上演作品のテーマや時代はさまざま。早霧さんがトップスター時代に主演した作品を例に、少しだけ紹介《しょうかい》します。

『ルパン三世−王妃《おうひ》の首飾《くびかざ》りを追え！−』

人気キャラを忠実に再現

漫画《まんが》・アニメ原作

『ベルサイユのばら』などの少女漫画から少年漫画やアニメまで、さまざまな作品を舞台化《ぶたいか》。キャラクターに扮《ふん》したスターが歌って踊《おど》る姿は必見！

スターの持ち味を活《い》かした

オリジナル作品

劇団の座付き演出家がイチから物語を作る。トップスターの個性に合わせて演目やキャラクターが当て書きされることもあり、スターの魅力《みりょく》を堪能《たんのう》できる。

『私立探偵《たんてい》ケイレブ・ハント』

105年の伝統がココに!

日本物

衣裳《いしょう》が和服の時代物のお芝居《しばい》やショー。着物を身にまとったタカラジェンヌの美しい所作《しょさ》や舞《まい》、洋物とは違《ちが》ったメイクも見どころ。

『星逢一夜《ほしあいひとよ》』

華やかさピカイチ

ショー&レビュー

宝塚らしさを味わうならまずはこれ! スパンコールがたっぷり付いた衣裳や大羽《おおば》根《ね》、大階段《おおかいだん》、ラインダンスといった豪華絢爛《ごうかけんらん》な世界観を楽しめる。

『Dramatic “S”!』

他にもこんな作品も!

海外ミュージカル

『エリザベート
-愛と死の輪舞(ロンド)-』
『ファントム』

落語物

『ANOTHER WORLD』
『くらわんか』

ドラマ・映画原作

『JIN -仁-』
『相棒』

WORLD OF TAKARAZUKA REVUE

どこで観《み》られるの？

専用劇場は宝塚大劇場と東京宝塚劇場の2つ。
他にも全国各地で公演が行われています！

宝塚大劇場

本拠地・兵庫県宝塚市にある劇場。劇場内には舞台メイクや衣裳（レプリカ）を体験できる撮影《さつえい》スタジオや、小道具や衣裳の展示室、レストラン、ショップなど観劇前後のお楽しみも。小劇場「宝塚バウホール」を併設《へいせつ》。

東京宝塚劇場

東京・日比谷にある劇場で、宝塚大劇場で上演された公演が上演される。豪華なシャンデリアやバラ柄《がら》の赤い絨毯《じゅうたん》など、都会の真ん中とは思えないきらびやかな空間に、観劇の気分が高まる！

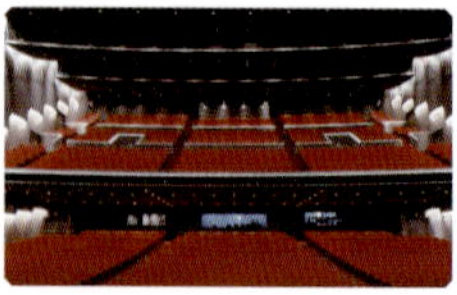

全国ツアー公演として、地方の劇場で公演があることも。私も初めて生《なま》で宝塚を観たのは、全国ツアーでした！

その他の宝塚上演劇場

・日本青年館ホール（東京都）
・TBS 赤坂 ACT シアター（東京都）
・KAAT 神奈川芸術劇場（神奈川県）
・梅田芸術劇場メインホール／シアター・ドラマシティ（大阪府）
・博多座（福岡県）　など

ゴールにたどり着いたら終わり……じゃなかった！

トップスターとは、その名の通り、組の頂点。宝塚の顔でもあります。

トップスター就任の瞬間は、14歳のときに宝塚を志して以来、目指していた場所にたどり着いた瞬間でもありました。この場所に立つために努力してきた約20年間。ゴールにたどり着いたのだから、これでもうめでたしめでたし……とはなりません。

実は、トップとして立ち続けることこそ、一番大変な試練でした。

トップになったときの私は30代。体力的には20代の頃のようにはいきません。お稽古でも、かつてはがむしゃらに倒《たお》れるまで10回やったことを3回にとどめるようになりました。もっとやりたくても、翌日以降のパフォーマンスに影響が出てしまうからです。

対して、若い子たちのエネルギーにはすごいものがあります。

特に、2番手のだいもんの存在には、大いに発破《はっぱ》をかけられました。歳《とし》も私と近く、実力・キャリア共にすでに十分。かつての私のように次期トップも視野に入れ、まさに脂《あぶら》が乗り切っている。

相棒のゆうみちゃんも、私にないものをたくさん持っています。舞台の経験値は私のほうが上でも、逆に経験がないからこその思い切りのよさがありました。

いくらキラキラした衣裳《いしょう》を着て、トップライトを浴びてステージに立っていても、これじゃ舞台上で埋《う》もれてしまいかねない……。そんな残念なトップスターになるわけにはいきません！

私の場合はそうやって比べ続ける素晴《すば》らしい存在が周りにいたことが、逆に自分自身のエネルギーになっていたように思います。

ひとりだとなんとなくやってしまう練習も、真剣《しんけん》に取り組んでいる人が側《そば》にいるだけで「私も負けてられないな」と集中できる。もう10回はできないけれど、その代わり3

回の練習にめちゃくちゃ集中しよう、とか。一緒に練習していれば、自分が気づいたことをアドバイスしたり、されたりもできます。

　でも、そんな私が誰にも負けない自信を持っていたのが、作品に注ぐ愛情の強さでした。作品を生み出すのは、もちろん脚本を書かれた先生です。私は生み出すことはできないけれど、受け取った作品をどう育てていくかをゆだねられている。主演として、雪組で演じる作品のことを誰よりも考えて、誰よりも理解しているのは私です、と言い切れる自信がありました。

　常に作品全体を俯瞰して見て、理想の舞台になるよう調整をしていく。これはトップスターになって初めて見えてきた自分の課題で、若い頃にはなかった視点です。自分のさじ加減で上手くいくこともあれば、すべてが崩《くず》れてしまうときもある。その責任は重大です。自分のことだけに１００％集中する、ということは、もう今の私に求められていることではありません。広い視点で周りを見られるようになることが次の課題となりました。

14歳の自分が目指していた場所は、思ったよりも大変なところ。でも、だからこそ思った以上にいろいろな発見があって、そのたびに新しい目標が見つかる場所でもありました。

宝塚卒業へ向けて

トップとして必要な冷静さを学びながらも、それでもがむしゃらに過ごした3年間。トップスター時代は、今振り返っても本当にあっという間のできごとでした。もちろんそれまでと変わらず、つらいことも、自分を情けなく思ってしまうこともたくさんありました。でも、そんな思い出すらもひっくるめて私にはすべて夢のような時間。

そして、夢には必ず終わりがやってきます。

私の退団が発表されたのは、２０１６年11月。もちろん、それ以前に劇団とは退団時期の相談をしていましたが、そのことを意識した瞬間は、やはり無事に卒業できることへの喜びよりも寂《さび》しさや悲しさを一番に感じました。これまで何人もの先輩方が卒業されていき、それを見送る側だった私が、ついに見送られる側になるのです。

でも、そんなセンチメンタルな気持ちに浸《ひた》ったのは、実は最初だけ。このままトップスターの座にしがみついて、もっと作品をたくさん演じたい！なんて思うことは、私のためにも劇団のためにもならないことはよくわかっていましたから。

ここにいるのは、たとえるなら今人生の華《はな》の時期にある女性たち。トップスターは、そのなかでも一番輝いている人がなるべきポジションです。

今、自分の隣には2番手として支えてくれただいもんがいる。私がまだ残りたいなんて言ったら――自分のせいで、まさに今輝いている彼女がトップになるのを妨《さまた》げてしまうことになります。

そして宝塚は、がんばった人に必ずスポットが当たるわけではない厳しい世界でもあります。私がトップスターを務めることができたのは、さまざまなタイミングが重なった結果にすぎません。その陰《かげ》では、悔しい想いをしてきた人がいることも知っています。それを思うと、ここで自分がわがままを言うなんてまったくナンセンスなことです。偉大な先輩方から渡《わた》されたこのバトンを次の世代へと無事につないでいくことも、トップスターの大事な責任。

すぐにそのようにポジティブな考え方へと切り替えることができたわけではありませんでしたが、ともすると寂しいと感じてしまう退団への想いを、咀嚼《そしゃく》して、少しずつ自分のなかで変化させていきました。

覚悟が決まった私の心に湧いたのは、「後悔することがひとつもない状態で退団しよう」ということでした。ここから、私の新しいゴールは「退団」に照準が絞《しぼ》られます。まだまだ宝塚でしかできないことはたくさんあります。悔いがないよう、退団までにやりたいことは全部やろうと決めました。

振り返ってみると、このときゴールが見えたことで、退団まで過ごす時間、1分1秒に意味が出て、無駄《むだ》にすることなく過ごせたような気がします。

そんな自分にとってのサプライズとなったのが、これまでトップコンビとして共に闘《たたか》ってきたゆうみちゃんも、私と一緒に退団したいと言ってくれたこと。私にとってかけがえのない人が、最後まで一緒に走ってくれることになったのです！

ひとりだったら、無事ゴールできるか不安になってしまうに違いないけれど、2人なら絶対に笑顔でたどり着ける。

退団までの日々をゆうみちゃんと共に過ごせたのは、本当に心強いことでした。

退団公演を終えて

早霧せいなの退団公演は、2017年4〜7月の『幕末太陽傳《ばくまつたいようでん》／Dramatic“S”!』[*7]。

「これで本当に本当の最後なんだから！」という気持ちがどうしても先に立ってしまって、いざお稽古が始まると、知らず知らずのうちに力んでしまっている自分がいました。

でも、自分のことだと思うと一大事ですが、一トップスターの「退団」は宝塚の歴史

＊7　幕末太陽傳／Dramatic“S”!　2017年雪組公演。川島雄三監督の同名映画を小柳奈穂子脚本・演出でミュージカル化した『幕末太陽傳』、中村一徳作・演出のショー『Dramatic "S"!』の2本立て。早霧せいな、咲妃みゆのトップコンビの退団公演となった。

のなかではひとつの通過点にすぎないことでもあります。作品を丁寧《ていねい》に作り上げて、お客様に楽しんでいただくという点では、これまでとなんら変わることはないんだから。そう考えて、ともすると昂《たか》ぶってしまう気持ちを抑《おさ》えるようにしていました。

そして、迎えた7月23日の千秋楽――。この日は、「絶対にしくじれぬ！」という緊張で朝から気持ちが張りつめていました。でも、「最後だから！」と力めば力むほど、気持ちが舞台から逸れて逆にミスしてしまう予感がします。今日で卒業だということは意識の外に追いやって、その瞬間瞬間に目の前のこと、セリフや歌、踊りに集中しよう。気持ちをスパッと切り替えて最後の舞台にのぞみました。

「スッキリした」というのが、舞台を終えて幕が下りた後に感じた一番最初の感想です。もう明日同じ舞台をやれと言われても、絶対にできない。それくらい胸を張って「やり切った」と言い切れる舞台になりました。

公演後に行われた会見では涙《なみだ》が流れたのですが、それは単純に寂しい、悲しい涙ではなく、達成感や卒業の喜びなど複雑な感情が極まって自然とあふれた涙でした。もちろん、慣れ親しんだ場所から離れることへの寂しさもちょっとだけ混じっていましたけれど。

あの瞬間をひと言で表すなら「すがすがしい」、このひと言に尽きます。

これ以上ないと思える形で、20年前の夢にひとつの区切りをつけることができました。「早霧せいな」を応援してくださったファンのみなさん、関わってくださったすべての方に心から感謝したいです。

第4章

ゴールのない外の世界へ

WORLDLY WISDOM
FOR 14 YEARS OLD

「早霧せいな」が道しるべに

2017年7月23日をもって、17年間在籍《ざいせき》した宝塚歌劇団を退団しました。退団公演をはじめ、関連するさまざまなイベントをひと通り終えた私の胸に湧《わ》いたのは……。

これからどうしよう！という進路の悩《なや》みでした。振《ふ》り出《だ》しに戻《もど》る、ですね（笑）。

ありがたいことに、退団後の私のもとにはすでにミュージカルやコンサートのお話をいただいていました。でも、実は当時の私は、退団後に芸能活動を続けるつもりはまったくなかったのです。

14歳《さい》から、夢はずっと宝塚。その先のことまでは全然考えていなくて、女優になるとか、退団後も舞台《ぶたい》に立ち続けるとかまで考えが及《およ》んでいなかったのですね。

でも、じゃあなにがしたいの？と問われても、はっきりとした目標があったわけではありません。かつてのように「絶対に宝塚で男役になるんだ！」と強く思えるような情熱を持てる対象は見つからない。かといって、私は宝塚の舞台に立つ以外のことはなにも勉強せずに来てしまったわけで、たとえば急に就職活動をして会社に入りデスクワークをする、というのも現実的ではありません……。

立ちすくんでしまった私の背中を押《お》してくれたのは、やはりファンの存在でした。当時の私は、心のどこかで「早霧せいな」が退団したら、その人のファンでいてくれた方たちも去ってしまうんだろうな、と考えてしまっていたんですね。ファンの方々はあくまで宝塚の男役の早霧せいなを応援《おうえん》していて、その肩書《かたが》きをなくした自分には興味を持ってもらえないだろうな、と。でも実際はそんなことはまったくなかったのです。「宝塚・男役として早霧さんを知りましたが、退団をきっかけに、私は人間としての早霧さんが好きなんだということに気づきました」という内容のお手紙をたくさんいただけたのです。これは本当に予想外で、うれしいできごとでした。

このとき思い出したのは、2番手時代のこと。2番手で伸《の》び悩《なや》んでいた自分は、早霧せいなは自分ひとりのものではなく、みんなと作り上げてきた存在だからこそ、それを預かることへの責任を感じ、トップスターを目指す覚悟《かくご》が決まりました。あのときと同じ気持ちが、再び湧いてきたのです。

これまでいろいろな方が、さまざまな想《おも》いで応援してきてくださった早霧せいなの運命を、私の勝手な気持ちで止めてしまってはいけないな、と。

退団後の早霧せいなに期待をしてくださる方々がいて、表現する場所への扉《とびら》も開かれている。臆病《おくびょう》な自分ひとりだったらとても踏《ふ》み出《だ》せないけれど、私には応援してくださるみなさんがいる。その気持ちを、私が裏切ってどうする！

そして退団後に決まった最初のお仕事は、コンサート『SECRET SPLENDOUR』[*1]。またしても私は、ファンの方々と「早霧せいな」に助けられて、自分が進むべき新しい道を決めることができたのです。

＊1　**SECRET SPLENDOUR**｜2017年11月に赤坂ACTシアター、梅田芸術劇場シアター・ドラマシティで公演された、早霧の退団後初のコンサート。構成・演出は荻田浩一。

新たな場所での、新たな挑戦《ちょうせん》

ここまで何度もお話しさせていただきましたが、私は目指すべきゴールが明確であればあるほど、それに向かって努力するタイプ。宝塚音楽学校受験、苦手な科目への取り組み、トップスターの座への挑戦……すべて、そのやり方でクリアしてきました。でも宝塚を卒業した今は、そのゴールがないんです！　だから大変！

これまでもさまざまな障害はありましたが、そのときどきの自分の足元からトップスターまでは一本道でつながっているという感覚がありました。道の先にはいつでもゴールが見えていた。でも、今や自分の足元から延びる道は、あらゆる方向に向かって無数にあります。どの道を選んで進むのも自由。寄り道も、後戻《あともど》りも自分次第。そして、「とりあえずこの道に沿って進んでみよう」と決めるのも、自分なんです。

最初はこのことにものすごく戸惑《とまど》ってしまいました。だってどこをゴールに設定してもOKというのは、ゴールが見えていないのと一緒《いっしょ》ですよね。これって、14歳当時、目標が見つからなくて悩んでいたときと同じ状況《じょうきょう》だということに気づいたのです。

ただし、今の自分は、あの頃《ころ》とは違《ちが》います。自力で見つけた夢を、納得いく形で達成することができた後の自分。そんな今だからこそ、これまでのやり方が通用しない世界へ進むという新しいチャレンジに足を踏み出してみたい。

ごく自然にそう思えたのは、悔《く》いのない宝塚人生を過ごせたからこそです。やりきったことが自信となったからこそ、まっさらな状態で次の挑戦に向かうことができたのだと思います。

そして、地図がない道を歩き出した今、私の心の道しるべとなっているのは、やっぱり宝塚でした。いつ、どんなときも宝塚の元生徒として恥《は》じない生き方をしよう、というのが、お仕事を受けるかどうかの判断基準にも、日々生活する上でも考え方の軸《じく》となっていることを感じています。

同時に、〝「元宝塚トップスター」という肩書きで呼ばれなくなること〟が目標になりました。

退団から約2年が経《た》った今も、紹介《しょうかい》されるたびに必ず芸名の前には「元宝塚トップスター」という肩書きがつきます。この肩書きが真っ先に出る間は、まだ「早霧せいな」個人としての活動が、トップスター時代を上回っていないのだなと思うのです。

もちろん、決して元宝塚と言われることが嫌《いや》なわけではありません。長年憧《あこが》れて大好きだった気持ちは今も同じです。

でも大地真央《だいちまお》＊2さん、真矢《まや》ミキさん、天海祐希《あまみゆうき》＊3さんなど、偉大《いだい》な先輩方《せんぱいがた》が紹介される際に「元宝塚トップスター」が最初にくることはないですよね。

「元宝塚トップスター」と呼ばれなくなったときが、私が本当に宝塚を卒業できたとき。早く〝卒業〟できるよう、今は新たな場所でがんばるのみです。

＊2　**大地真央**｜女優。元月組トップスター。1973年に59期生として宝塚歌劇団に入団、月組に配属される。1982年に月組トップスターに就任、1985年に退団。

＊3　**天海祐希**｜女優。元月組トップスター。1987年に73期生として宝塚歌劇団に入団、月組に配属される。1993年に月組トップスターに就任、1995年に退団。

がんばった自分は、後からちゃんとついてくる

宝塚時代は、どうしたらより男役らしく見えるか、小柄《こがら》な自分をカバーできるか、常に試行錯誤《しこうさくご》の毎日でした。

本来は男ではない自分をどうそれらしく見せていくかが、男役の醍醐味《だいごみ》。だからこそ2番手時代に『Shall we ダンス?』*4でヒロイン、エラ役を演じたときなんて、「男役の自分が女役……??」とすごくこんがらがってしまって、直球で役に入ることに抵抗を感じてしまったりもしました。女性役が似合っていると思われるのが癪《しゃく》で、むしろなんか変、なくらいがちょうどいいんだ!と、変な開き直り方をしてしまったりして……。『Shall we ダンス?』の前後に出演した『ベルサイユのばら』の男装の麗人《れいじん》オスカル役さえも、本来男役が演じる役だとわかっているのに、違和感《いわかん》を覚えながら演じていました。

＊4 **Shall we ダンス?**｜周防正行監督の同名映画をミュージカル化した、2013年の雪組公演。平凡なサラリーマンが社交ダンスに魅せられていく姿を描く。主演は壮一帆、愛加あゆ、脚本・演出は小柳奈穂子。

ところが、一般《いっぱん》の舞台に立つようになると、求められるのは本来の、女性としての早霧せいなです。自分にないものをプラスしていくアプローチではなくて、自分のなかから引き出す、体当たりでの演技。でも、なにせ17年間も男役として打《う》ち込《こ》んできたので、女性役を自然に演じるというのがなかなか難しい！　どうしてもぎこちなくなってしまいます。「～だわ」「～よ」というセリフにハードルを感じてしまったり、しぐさにもついつい長年体に浸《し》み込《こ》ませた男っぽさが出てしまったり。気を抜《ぬ》くと脚《あし》を大きく開いて椅子《いす》に座《すわ》ってしまう自分がいる（笑）！

できないことにとらわれ過ぎてしまっていたかつての私だったら、「どうしてできないんだ！」ととことん落ち込んでしまったはず。でも、ここであえて「きっとお客様はそんなところも含《ふく》めて今の早霧せいならしいと楽しみにしてきてくださるのだから」と気持ちを切《き》り替《か》えるようにしました。男役時代がなかったかのように女性らしい私なんて、逆に不自然。ありのままの私でいいんだ。そんなふうに現状を肯定的《こうていてき》に思えるようになったことに、自分の大きな変化を感じました。

同時にかつての自分はやっぱりすごくがんばっていたんだな、ということにも気づくことができました。男役としてがんばって力んでいたことが、その世界の外に出た今だからこそよくわかる。宝塚時代の自分をすごく愛《いと》おしいと感じられるようになったのです。

宝塚時代は、なんでこれができないんだろう、どうしてこの程度なんだろう、と理想と違う自分を責めてしまうことの連続でした。ひと通り責めた後に、じゃあこうしてみたらどうか、もうちょっとこうやったらよく見えるはず、と試行錯誤して、工夫《くふう》してがむしゃらに練習して……。

そんな時代があったからこそ、今、ありのままの自分を素直《すなお》に認めて、前に進むことができる。

渦中《かちゅう》にいるときは、不毛な努力だと感じてしまったり、プラスの感情が抱《いだ》けていなかったりしても、がんばっていた時間は決して無駄《むだ》にはならないんです。そのときはわからなかったことが、時が過ぎてふと振り返ってみたときに誇《ほこ》れるようになる。

みなさんも、たとえ今、思うようにいかないことがあったとしても、そのがんばりは、必ず将来につながります。どうかそのことを覚えていてほしいと思います。

本当の意味での男役からの卒業

少しずつ女役と向き合い始めていた頃、もう一度男役を演じる機会をいただきました。宝塚時代に主演した『るろうに剣心《けんしん》』の再演[*5]が決まったのです。

もう男役を演じることはないだろうなと思っていたので、オファーをいただいたときは本当に驚《おどろ》きました。男役を卒業した私が男役を演じていいのか、と。しかも今回は宝塚ではないので、私以外の男性キャラクターは全員男性キャストが演じる舞台です。パワーや迫力《はくりょく》、スピードも私よりもずっと上の男性のなかで、果たして男役として存在することができるのか、という不安も感じました。と同時に、他の人が剣心を演じる姿は見たくないという気持ちもあって……。だったらもう一度自分が剣心を演じるしかない！と決心しました。

新しい環境《かんきょう》で再び剣心役を演じる。どこか複雑な気持ちもあるなか、気持ちの支えと

＊5　**『るろうに剣心』の再演**｜2018年10月～11月に東京の新橋演舞場、大阪の大阪松竹座で上演された。脚本・演出は宝塚版と同じく小池修一郎が担当。

なったのは、私以上にこの作品と向き合ってきた人はいない、という思いでした。力では男性キャストに劣《おと》るかもしれない、でも想いの強さは誰《だれ》にも負けないんだ、という気持ちが自信につながり私を後押《あとお》ししてくれたのです。

もう一度男役をやるんだ、男性陣《じん》に負けないようにがんばらないと。そんなふうに意気込んで挑《いど》んだ再演でしたが、公演が始まってみると、感じることや見えるものも宝塚での初演とはまったく違うことに気づきました。実は宝塚時代は、再演というと二番煎《せん》じのような気がしてしまって少し抵抗《ていこう》があったのです。でも、実際にやってみるとそんなことはまったくなかった。演じるキャストやスタッフが違えば、ひとつの新しい作品を作り上げられることが理解できました。

剣心という役から感じることも少し違いました。宝塚時代は男役らしく見せなきゃと意固地になっていたのが、〝ひとりの人間〟としてシンプルに向き合えたのです。もう男役にこだわる必要はない。一度剣心を演じきった後だからこそ、いい意味で肩の力を抜いて再演に挑むことができたと思います。これからはひとりの役者として、役と向き合っていこう、と。この先、もしも私が男性を演じる意味がある作品に出会ったら、また男役を演じることがあるかもしれません。でも、そのときは女性役、男性役という枠組みにとらわれずに、チャレンジしていきたいと思っています。

余談ですが、『るろうに剣心』の公演中に面白かったエピソードをひとつ。

公演が始まったある日の休憩《きゅうけい》時間、昼の部が終わって夜の部まで時間がありました。そのとき、共演者の男の子が「外でお蕎麦《そば》食べてきます」と、舞台メイクをしたまま出かけてしまったのです。びっくりして「え〜っ！　大丈夫《だいじょうぶ》なの!?」と、思わず止めてしまったのですが、周りのみんなは「大丈夫ですよ」と笑っていて。宝塚時代はそんなこと考えられなかったから、なんて自由な世界に来たのだろう、と変なところで宝塚との違いを思い知りました。宝塚でも禁止されていたわけではないのですが、誰もそんなことをする人はいなかったから。でも、さすがに宝塚のあの濃《こ》いメイクで外を歩いていたら、みんな驚きますよね（笑）。宝塚の外の世界に来たのだと、あらためて実感できたできごとでした。

自分は井《い》のなかの蛙《かわず》だった！

以前は宝塚という集団のなかにいるという安心感がとても強くありました。気軽に相談できる仲間がいて、ひとつのことに向かって一緒に試行錯誤して、同じ気持ちを共有できる。でも今は、舞台やコンサート、テレビのお仕事など、現場ごとに初めましての間柄《あいだがら》である方々が圧倒的《あっとうてき》に多い環境です。新しい現場に入るたび、得意の「人見知り」を発動してしまっているな、と感じることもあります。これって、私が宝塚というある種特殊《とくしゅ》な劇団出身者だからなのかな……と、密《ひそ》かに悩んだりもしていました。

でもあるとき、思い切って周囲の役者さんに聞いてみたら、「自分もそうだよ」と同意してくださる方が多かったのです。これは新発見でした！　もともと特定の劇団に所属せず活動されている方でも、私と同じように人見知りの人もいるんだ、私だけじゃなかった！と。

役者さんのなかにもいろいろなタイプがいて、新しい出会いがどんどんウエルカムな人もいれば、私みたいに最初はちょっと人見知りしてしまう人もいます。10人いたら、10人それぞれ違うのです。そんな当然のことに気づけたとき、「なんだ、私は私のペースでいいんだ」と、欠点だと思い続けていた自分の性格を、初めて肯定的に思うことができました。

お互《たが》いのことを知らなくても、知らないからこそ、一期一会《いちごいちえ》の今この瞬間《しゅんかん》を大切にしよう！という結束力や瞬発力《しゅんぱつりょく》が生まれます。

自分のことをよく理解してくれている人たちと一緒に協力して作り上げる舞台も好きでしたが、決して甘《あま》えられない今の環境は、宝塚時代とはまた違ったひりひりした緊張感《きんちょうかん》があります。そして、今の私はこっちの世界のほうが合っているような気がします。

実は宝塚退団前の私は、この先、ここまで作品作りに情熱を燃やすことはもうできないかもしれない……と思い込んでいたのです。それほど宝塚で全力投球していた、ということなのですが、井のなかの蛙の状態で、本当になにも知らなかったんだなと、今は思います。

ひとつの舞台やテレビ番組、写真集、コンサート、この本もそうですが、もの作りにかける情熱は、みんな一緒です。環境が変わっても、私がやるべきことの本質に変わりはありません。周囲に甘えられないからこそ、かっこつけている場合じゃなくて、裸《はだか》になって立ち向かわないとみなさんと同じ場所に立てない。むしろここから、守りに入っている場合じゃないな、と感じています。

いくつになっても、新しい発見の連続！

宝塚を離《はな》れてみると、自分のお芝居《しばい》は一般の舞台ではまだまだ通用しないな、と思わされることがしょっちゅうあります。私は元来自分に厳しいので、そのたびに「これまでなにをやってきたんだ！」と、つい否定的に考えてしまう。でも、今はいちいち落ち込んでなんていられません。

だから、そんな自分をちょっと視点を変えて捉《とら》えてみようと考えました。

2019年4月、『まほろば』[*6]という作品で、ストレートプレイ[*7]に挑戦したときのこと。宝塚ではほとんどの作品がミュージカルだし、退団後に出演したのもコンサートやミュージカルばかりだったので、歌も踊《おど》りもないストレートプレイは初挑戦でした。お芝居だけで、お客様を楽しませることができるのか、ちょっとだけ不安を感じました。

宝塚から数えると私の芸歴は19年目。十分キャリアのある役者です。でも、一般の役者としてのデビューから数えると、今はまだ2年目。宝塚だったら研2生です。研2だから、ストレートプレイが初めてでも恥ずかしくないと、考えるようにしたんです。

宝塚で研2だった当時の自分は、怖《こわ》いもの知らずで、舞台に立てるだけでうれしかった時期。たとえできないことがあっても、声がひっくり返っても、とにかく大きな声でセリフを届けたい！そう思っていたはず。失敗しても、次につながればいいんだ、と。その初々《ういうい》しさも隠《かく》さず見せていってもいいのではないか。

宝塚は男役10年といわれています。10年経験を積んで、ようやく男役としてものにな

＊6　**まほろば**｜とある田舎町の一家を舞台に、女性4世代が直面する悩みを描いた蓬莱竜太作の会話劇。2008年に栗山民也演出で上演された後、2019年に日澤雄介の新演出で再演された。

＊7　**ストレートプレイ**｜セリフに音楽のない一般的な舞台演劇のこと。ミュージカルなどと区別するときに使われることが多い。

る。だったら、女優としての私はまだまだこれから。

退団直後はとてもそんなふうにポジティブに考える余裕《よゆう》はなかったし、宝塚で17年もやってこの程度か、なんて思われたら、劇団にも迷惑《めいわく》がかかってしまうから……と常に気持ちを張りつめていました。

でも、私が思っているほど、人は人のことを意識していないものです。やっぱり環境が変わることで、視野が狭《せば》まってしまっていた部分もあったのだと思います。研2だから、もっともっと努力が必要ということですね。

〝早霧流〟の社会貢献《こうけん》ってなんだろう？

これまで宝塚ひと筋だったからこそ、外に出てからの一つひとつのできごとが新鮮《しんせん》に映ります。

なかでも印象的だったのが、2018年6月に放送されたNHKの番組『SWITCHインタビュー 達人達』[*8]でご一緒したスポーツジャーナリスト増田《ますだ》明美《あけみ》[*9]さんとの出会い

＊8　SWITCHインタビュー 達人達｜2013年からNHKで放送されているインタビュー番組。異なる分野で活躍する2人の達人が、番組前半と後半でそれぞれゲストとインタビュアーとして語り合う。

＊9　増田明美｜スポーツジャーナリスト。元陸上競技長距離走選手。1984年ロサンゼルスオリンピックに女子マラソン日本代表として出場。1992年に引退するまで日本最高記録12回、世界最高記録2回更新。引退後はマラソン中継の解説やナレーションなどで活躍している。

でした。私の熱望で実現した対談。お会いしたのは、退団して9カ月が経ち、一般の舞台での女優としての挑戦が始まっていた時期でした。

番組では増田さんの現役時代から現在までの話をうかがったのですが、マラソンと宝塚、世界は全然違うのに、感銘《かんめい》を受けることがたくさんありました。

増田さんは、まだ日本の女子マラソン黎明《れいめい》の時代に、日本代表選手としてオリンピック出場も果たされた方。現役を引退された後は、ユニークな「増田流解説」で人気を博し、近年はドラマのナレーターなど多分野で活躍《かつやく》されていることは、みなさんもご存じの通りです。その一方で、番組では、現役時代は決して華《はな》やかなことだけではなかったことを語ってくださいました。

途中棄権《とちゅうきけん》となったロサンゼルスオリンピックでは、帰国後に批判を受けたこともあったそう。日の丸を背負っての挑戦、という私には想像もできない世界で、大変な思いもたくさんされてきたと思うのですが、あのやわらかいお声で「本番に弱いの、私」と、笑顔で当時を振り返ってくださいました。

そんな増田さんが現役引退をされたのは28歳のとき。引退直後は、それまでマラソンにすべてをかけていたからこそ、なにをしたらいいかわからなくなってしまったそう。私と同じ……！

そこで増田さんが考えたのは「後輩《こうはい》たちのために、なにかできることはないか」ということでした。まだまだスポーツ医科学が発展途上《とじょう》にあった当時、自分の経験を踏まえて、貧血や疲労骨折に悩む女子選手に正しい情報を伝えていこうと、スポーツライターとしての一歩を踏み出されたのだそうです。

現在、増田さんは大学教授、ナレーター、解説者、ジャーナリストとして、スポーツのジャンルにとらわれず、自分の枠《わく》を決めず、さまざまな分野で活躍されています。そんな増田さんの自由な姿勢や世の中との関わり方に、私はとても感銘を受けました。

14歳のみなさんは、「自分はこうなりたい、自分はこうしたい」というのが行動の指標になることが多いと思います。私の場合は「宝塚に入って、男役として舞台に立ちたい」でした。でも、30代半ばを過ぎて、その考え方が少しずつ変化をしてきていることを感じます。増田さんのように、私もなんらかの形で社会とつながりたい、貢献したいなという想いが自然に湧いてきたのです。

増田さんのように、私にできることはなんだろう……。そう考えたとき、今の私が持っている「早霧せいな」という活動自体が、大きなツールになるのではと思ったのです。そのツールを使って、関わってくれたひとりでも多くの方が幸せを感じたり、プラスの気持ちを抱いてくれるということも、私だからこそできる、私と世の中とのつながりのひとつになるのではないか。

増田さんが、現役引退後に「増田流」のやり方で自ら道を切り開いていかれたように、今は私も「早霧流」で少しでも社会に貢献をできたらと思っています。

〝もうひとりの自分〟を持つことのすすめ

ファンのみなさんと一緒に作り上げてきた「早霧せいな」というもうひとりの私。実は、この考え方って、14歳のみなさんにもおすすめできるのではないか？とも思います。二重人格のようでちょっと怖い（笑）？　外向きの顔・内向きの顔と考えると、少しわかりやすいでしょうか？

みなさんは、日常生活のなかで「私はこんなことやりたくない、これは本当の私じゃない！」と思うことはないでしょうか。発表会など、人前に出てなにかをしなければいけないとき、リーダー的な立場に立ってみんなをまとめなければならないとき。恥ずかしいし、失敗したらどうしよう！という弱気な気持ちが湧いてしまうこともあると思います。

そんなときに便利なのがこの〝外向きの顔〟です。やりたくない！と思っても、もうひとりの自分に登場してもらえば、自分のなかの〝本当の自分〟とは切り離して行動できる。

「早霧せいな」は、いうなれば私の外向きの顔です。本来の私は人見知りで恥ずかしがり屋だし、こう言ったらどう思われるだろうとか、いちいち考えてしまうタイプです。

でも、早霧せいなは違います。彼女《かのじょ》が求められている言葉や、やるべきことはなんだろうと考えて早霧せいなモードに入れば、どう振《ふ》る舞《ま》うべきか、なにを言うべきかがおのずと判断できるのです。

このやり方は、反省が多いという側面もあります。家に帰ると本名の自分が出てきて「あのときなんでこんなことを言ったんだろう……」「でもあれは必要だったよ」って、一人二役で反省会をしてしまうんです。

でも、たとえ失敗しても本来の自分ではないし、という安心感がどこかにあることで、いい意味で割り切って、殻《から》を破る行動ができるようになれているとも感じます。私はたまたま芸名で活動をしていますが、早霧せいなというもうひとつの名前を持つことができたおかげで、人見知りだった自分がとても生きやすくなったように思います。

弱点克服《こくふく》には、トライして、失敗しての繰り返ししかない!

みなさんと同じ14歳当時の私は、人見知りだったし、なにより自分の想いを言葉にして人に伝えることが苦手でした。決しておとなしくはなかったのですが、おしゃべりなタイプでもなかったので、「私はこう思う、こうしたい」という主張を上手《うま》く伝えられなくてもどかしい気持ちを抱《かか》えていることもしばしばでした。

本来はそんな私ですが、当時に比べると現在の社交性は確実に上がっていると思います。

この変化は、宝塚に入って、強制的に人と関わる環境に身を置いたからにほかなりません。人に伝えることの難しさ、大切さ、そのコツを身をもって学んでいったのです。

たとえば、2番手時代の私がそうだったように、「いい舞台に仕上げるためには、こうしたほうがいいはず」と思っていても、黙《だま》っているだけで周りの人が心を読んで動いてくれるわけではありません。声に、態度に出して、みんなを説得する必要がありますよね。

音楽学校時代からその連続。口に出したからといって必ず相手が納得してくれるわけではないし、ぶつかることもしょっちゅう。相手も同級生に限らず、上級生だったり、演出家の偉《えら》い先生に自分の考えを主張しなければならないときもあります。いろいろなタイプの人がいるし、はっきり言うことで通じる人もいれば、婉曲《えんきょく》な言い方をしたほうがわかってくれる人もいます。

悔《くや》しさや恥ずかしさもたくさん味わいましたが、そんなふうに七転八倒《しちてんばっとう》するうちに、伝えることのスキルは、いつの間にかずいぶん上がったように感じます。

石の上にも3年、と言いますよね。はじめは無理だなと思うことでも、続けるうちに気づけばできるようになっている。自転車の練習と同じで、これはもう何度もトライして、失敗して、体に感覚を浸み込ませていくしかないように思います。

この本を読んでくださっているみなさんのなかには、かつての私と同じように人見知りだったり、自分の気持ちを上手く伝えることができなくて悩んでいたりする方がいらっしゃるかもしれません。でも、今、なにかできないことがあっても決して「自分はダメだ」とは思わないでほしい。大人になる過程でさまざまな経験を積んでいくと、いつの間にか変わっていく部分もたくさんあります。

意を決して、なにか克服したいと思ったら、それを強制的に行わなければならない環境に飛び込んでしまうことが一番効果的だと思います。もちろん、それはそれは大変なことですが。

私自身も、常に〝今の〟自分の課題と向き合い続けてきました。今も「よりよい自分はこうだから、現状を打破しなきゃ」という気持ちがあります。その気持ちがあれば、人は変わり続けることができると信じていますから。

夢の見つけ方

私は14歳のときに偶然《ぐうぜん》出会った冊子のなかに、将来の目標を見つけることができました。でも今考えると、当時常に目標がないことで焦燥感《しょうそうかん》にかられ、探し続けていたことが、偶然の出会いにつながったように思います。ただ漠然《ばくぜん》と冊子をめくっているだけでは、真矢さんの写真に目を留めることもなかったかもしれません。

かつての私がそうだったように、14歳のみなさんは、好奇心《こうきしん》の塊《かたまり》だと思います。自分がどうなりたいかを常に問い続けていけば、納得できる目標は必ず見つけることができます。それが14歳で見つかるとは限りませんし、ひとつの夢が見つかった後、ほかにも心惹《ひ》かれる夢がどんどん出てくるかもしれません。

今、世の中には私が14歳だった時代には存在しなかった職業がたくさんあります。YouTuberのように動画配信を仕事とする人がいる世界なんてかつては想像もできませんでしたし、おそらく、今後も今の私たちにはまだ想像できていない職業がどんどん登場するはずです。

世界が多様化しているなかで、ひとつの職業を目指すこと自体がナンセンスになる可能性だってあるかもしれない。2つ、3つの肩書きを持って活躍する人もいるだろうし、ひとつの職業を経験した後に、途中で別の職業に転向するのも、もちろんあり。私自身、将来カウボーイになる可能性がゼロになったわけではありません（笑）。

今、あなたのなかにある興味・好奇心のなにが未来の自分のとっかかりになるかは、誰にもわからないのです。

私のように、どうしてもこの仕事につかなきゃ！と思い込んで突《つ》き進む気持ちも大事だと思いますが、そのときどきで感じた小さな好奇心の芽を見逃《みのが》さないで、いろいろなことにチャレンジしてほしいと思います。

ちょっと疲《つか》れたら、周りの人に頼《たよ》ってほしいです。両親、先輩、仲間、後輩。疲れて立ち止まったとき、目標をあきらめてしまう前に周りを見回せば、そこにはきっとあなたを助けてくれる人がいます。

そして、なによりも14歳の今を大事にしてほしいです。やりたいことがある人は、それがどんなことであれもちろんその先を目指してみてほしいし、なにもない！という人も、見つからないことへの焦《あせ》りや寂《さび》しさ、この瞬間考えていることをおろそかにしないでほしい。14歳で夢を見つけた私がそうだったように、その気持ちがのちのち自分の原動力になると思うから。そして、寂しいことですが、大人になるとだんだんそんな自分の気持ち一つひとつと向き合う余裕はなくなってきてしまうから。

今この瞬間の気持ちは、たとえ人に言えなくても大丈夫です。かつての私のようにノートに書きつけてもいいかもしれません。ひとりで大切にしている想いをどう表現するかは、これからゆっくり考えていけばいいと思います。

人は、誰もが変わっていきます。学校に通っていると、昨日と同じ今日があって、同じ明日が来て……変わらない毎日で退屈《たいくつ》だな、と感じることがあるかもしれません。でも、「自分はいつか変わるから今はいいや、明日から本気出す！」と考えて、二度と戻らない今の時間を適当に過ごしてしまうのは本当にもったいないことです。同じように見えても、昨日と同じ自分は二度とその場所にはいないのです。今この瞬間、なにかを感じているということ自体を大切にしてほしいですし、未来の自分はその延長上にいることをいつも思っていてほしい。

一方で、いくつになっても変わらない自分もいます。私自身、大人になるにつれて変わったことはたくさんあるけれど、14歳という多感な時期に作られた自分は、根本的なところでは全然変わらないなあと思っています。

だからこそ、その心を持ちながら常に〝よりよい自分〟を目指すこと。それが、未来の自分を輝《かがや》かせる第一歩なのだと信じています。

おわりに

ここまで子ども時代から今までを赤裸々《せきらら》に、ときにはちょっと偉《えら》そうに振《ふ》り返《かえ》らせていただきました。

あのときこうしたことがよかったとか、こういうふうに考えたことがプラスになったとか、ポジティブな受け止め方は、時間が経《た》った今だからこそ、生々しい感情とは距離《きょり》を置いて思えることです。

そのなかでもがいていたときは必死でしたし、「自分はなんてダメなんだ！」とマイナスの気持ちで捉《とら》えてしまうことばかりでした。だから、みなさんもいつでもポジティブでいなきゃ！なんてプレッシャーに思う必要は全然ないです。

一方で、ものごとを深刻に捉えすぎる必要はないとも思っています。

最近、宝塚卒業後にメンタルトレーナーになられた85期生の花帆杏奈《かほあんな》*1さんから「ちぎ

*1　**花帆杏奈**｜メンタルトレーナー（現：酒向杏奈）。元雪組娘役。1999年に85期生として宝塚歌劇団に入団、雪組に配属される。2012年に退団。

は、なにかを達成したいと思ったとき〝まずいったん苦しんでから、具体的に行動を始める〟ということが習慣になってしまっている。違うやり方があってもいいんじゃない？」と指摘《してき》をいただいたことがありました。確かにその通りかも！　気づかないうちに、私はなにかを成《な》し遂《と》げたいなら、まず〝悩《なや》むこと〟が絶対必要なんだと思《おも》い込《こ》んでいた気がします。

私は自分にできないことがひとつあると、とたんに視野が狭《せま》くなってそればかりに執《しゅう》着《ちゃく》してしまう癖《くせ》があるようなのですね。気になる点がひとつあるだけで、すべてがダメだと思ってしまう。たとえダメな部分があったとしても、いいところだってたくさんあるのに。世の中は必ずしも苦しまなければ達成できないことばかりではないし、私だってもちろんなるべくなら苦しみたくない。できることならいつだって楽しいほうがいいですよね（笑）。

だからみなさんも、この本で紹介《しょうかい》した私の考え方、やり方がすべてではないことも知っておいてほしいなと思います。いろいろ試《ため》して、自分に合った成功パターンを探してほしい。私も今「楽しむパターン」で達成する方法を試行錯誤《しこうさくご》しているところです。もう宝塚から卒業したのだから、いつまでも過去の自分のやり方に執着せず、解き放たれる頃合《ころあ》いかなと思っています。

それでも、これまで私はどんなときでも投げやりになったり、不貞腐《ふてくさ》れたり、誰《だれ》かのせいにしたり、斜《しゃ》に構えた気持ちにだけはならないように努めていたように思います。みんなが努力している世界で一つひとつの夢を叶《かな》えることができたのは、さまざまなご縁《えん》に恵《めぐ》まれた結果だということがわかっているから。つらいときに悩みを聞いたり、手助けしたりしてくれた家族や宝塚の仲間たち。「早霧せいな」のことを信じて、応援《おうえん》してくれたファンのみなさま。大勢の人の支えがあったから、今の「早霧せいな」がいるのです。

だからこそ、いつでも感謝を忘れずに、よりよい自分であるようにいたいと思い続けています。

人見知りで、誰かに悩みを話すことすらできなかった14歳《さい》の私が、宝塚に入ったことで、こうやってみなさんに自分の経験をお話しするまでに成長することができました。

この本をあの頃の自分が読んだら、何よりもそのことにきっとびっくりするだろうな。

宝塚を目指したことで、涙《なみだ》が出るほどつらいこと、悔《くや》しいこともたくさん経験しましたが、その全部が今の私を作ってくれているのだと、この本を書くことであらためて感じています。


そして今、新しい世界に飛び出した私の可能性は無限に広がっています。

「早霧せいな」がこの先どんな運命をたどっていくのか。私自身も楽しみながらゆっくり歩んでいきたいと思います。

2019年6月

早霧せいな

著者紹介

早霧せいな（さぎり・せいな）

長崎県佐世保市出身。2001年宝塚歌劇団に入団、宙組『ベルサイユのばら2001』で初舞台。同年宙組に配属。09年雪組に組替え。14年9月雪組トップスターに就任。主演作品に『ルパン三世／ファンシー・ガイ!』『星逢一夜／La Esmeralda』『るろうに剣心』『ローマの休日』など。17年7月『幕末太陽傳／Dramatic "S"!』で宝塚歌劇団を退団。その後は『ウーマン・オブ・ザ・イヤー』『るろうに剣心』『まほろば』などの舞台や、テレビなどで幅広く活躍中。

14歳の世渡り術

夢のつかみ方、挑戦し続ける力
—元宝塚トップスターが伝える—

2019年8月30日　初版発行
2019年9月30日　２刷発行

著者　早霧せいな

撮影　源賀津己
ヘアメイク　KUBOKI
ブックデザイン　高木善彦
編集　長島恵理、斉藤彰子（株式会社KWC）
構成　大曲智子

発行者　小野寺優
発行所　株式会社河出書房新社
〒151-0051　東京都渋谷区千駄ヶ谷2-32-2
電話　(03)3404-8611（編集）／(03)3404-1201（営業）
http://www.kawade.co.jp/

印刷　凸版印刷株式会社
製本　加藤製本株式会社

Printed in Japan
ISBN978-4-309-61717-6